2 Bde
30,-

Ursula Eschenbach
Vom Mythos
zum Narzißmus
Vom Selbst zum Ich

3
Therapeutische Konzepte der Analytischen Psychologie C. G. Jung

Herausgegeben von Dr. Ursula Eschenbach

Ursula Eschenbach

Vom Mythos zum Narzißmus

Vom Selbst zum Ich

BONZ.
Verlag Adolf Bonz GmbH

CIP-Kurztitel der Deutschen Bibliothek

Ursula Eschenbach
Vom Mythos zum Narzißmus
Fellbach: Bonz 1985
(Therapeutische Konzepte
der Analytischen Psychologie C. G. Jung
Band 3)
ISBN 3-87089-361-3
© 1985 by Verlag Adolf Bonz GmbH, Fellbach-Oeffingen
Satz und Druck: Druckerei Scheel GmbH,
Fellbach-Oeffingen

INHALT

Teil I
Vorwort ... 9
Vom Mythos zum Narzißmus ... 13
Der Sohn und das archetypische Mutterbild ... 19
Das Mythologem des Narzissos ... 25
Der blinde Seher ... 27
Der verwunschene Prinz ... 33
Das »Erkenne Dich selbst« ... 39
Echo, der Spiegel des Wortes – das Weibliche im
  Mythologem des Narzissos ... 46
Die Vater-Tochter ... 50
Facetten der unbewußten Mutterbindung ... 55
Pubertät – die Schwelle der Eltern-Entbindung ... 58
Geburt aus dem Tod – geistige Identität ... 61
Selbstwert-Problematik ... 65
Der Gefangene ... 69
Vater und Sohn ... 71
Die Vaterlosigkeit – oder »Meine Kindheit ist Nebel« ... 83
Wer war Narzissos wirklich? ... 87

Teil II
Der Traum vom Selbst ... 91
Die primäre psychische Ganzheit ... 92
Die Früh-Engramme ... 94
»Michael« ... 103
Die Dynamik von Regression – Progression – Integration ... 106
»Sybille« ... 108
Der Traum vom Kreis ... 112
Zentrum-Symbolik ... 120
Vergangenheit oder Tiefe ... 130
Das Selbst im Baum-Symbol ... 133
Dynamische Selbstsymbolik ... 144

Die Dunkelseite des Selbst	146
Das innere Kind	149
Literaturverzeichnis	156
Sachregister	160
Personenregister	163

HELMUT W. ESCHENBACH
20. SEPTEMBER 1914–18. MÄRZ 1975
IN DAUERNDER DANKBARKEIT

VORWORT

Dieses Buch ist in erster Linie ein Dank für meinen so früh verstorbenen Lebenspartner und ersten Lehrmeister auf dem Wege zu den Tiefenschichten der Seele, Helmut W. Eschenbach.

Er lehrte mich das Ertragenkönnen von Leiden, das Durchhalten in den Dunkelstunden des Kummers und der Trauer, das Stillhalten, wenn der Tod den Weg des Arztes kreuzt und er Verzicht leisten muß.

Dank auch an die Freunde und Kollegen, die in langjährigen und geduldigen Dialogen dazu beitrugen, daß das Thema sich immer mehr anreicherte; und Dank an diejenigen, die im therapeutischen Dialog mich ihre Bilder und Traumbilder sehen ließen.

Aus diesem Grunde sollen auch bevorzugt gerade Bilder bzw. Traum-Bilder mit ihren sowohl allgemein gültigen, wie aber auch ganz spezifischen und einmaligen Formen substantiellen geistigen Lebens, die gedanklichen Inhalte dieses Buches kommentieren und interpretieren.

Das Thema vom »Mythos und Narzißmus« ist zum Teil aus Vorträgen und Vorlesungen entstanden, die zu Kritik und Erfahrungsaustausch herausgefordert hatten. Es ist aber nicht beabsichtigt, ein neues Narzißmus-Konzept darzustellen, sondern es soll der Frage nachgegangen werden, wie der mythologische Zusammenhang von »Selbstliebe« und »nicht lieben können« zu verstehen ist. Die Frage nach dem Mythos konstelliert die Frage nach der dynamischen Symbolik dieser Gesamtentwürfe göttlicher Hierarchien und ihrer menschlichen Seinsphänomene. Ist das Narzißos-Mythologem tatsächlich ein Modell für die Ur-Sachen-Forschung der modernen Ich-Psychologie? Wie ist in diesem Zusammenhang das Orakelwort vom Tempel in Delphi zu verstehen: »Erkenne Dich selbst« – oder hieße es besser: »Erkenne Dein Selbst«?

Viele sind heute auf der Suche nach diesem »Selbst«, vor allem die Einsamen, die Traurigen und die am Leben behinderten. In einer Welt, in der der Mensch entsetzt dem in die technische Form gebannten Dämon der totalen Zerstörung gegenübersteht, hat er den End-Punkt eines rationalen Weges erreicht. An dieser Schwelle begegnet er der mächtigen Angst der Auswegslosigkeit, ungeborgen, verlassen von allen Ritualen, die jemals menschlicher Geist in Kosmos und Mythos projizierte. Es war ein langer Weg zur Ich-Bewußtseinsinstanz heutiger Spitzenleistungen. Die Frage steht offen, ob nur ein Rück-Weg in die Zukunft führen kann.

Welcher Mythos beantwortet die Frage für den einzelnen, damit er wieder zu seinem Selbst findet und die Einheit zwischen Welt-Innen und Welt-Außen wieder hergestellt wird?

Stuttgart, November 1984   Ursula Eschenbach

TEIL I

> »Gehe und trage den Schmerz,
> die Einsamkeit, die Depression.
> Ziehe Dich in Dein Refugium
> zurück und meditiere Deine
> Träume«.
>
> H. W. Eschenbach

VOM MYTHOS ZUM NARZISSMUS

Wenn man über den Begriff *Narzißmus* in der psychoanalytischen Fachliteratur etwa der zurückliegenden 50 bis 60 Jahre nachliest, dann kann man beobachten, daß er uneinheitlich und teilweise verwirrend benutzt wird. Das ist an sich kein Nachteil, sondern zeigt eher, daß wissenschaftliche Standpunkte sich auf dem Evolutionsweg der Forschung verändern können und auch sollen. Einfache Formulierungen oder auch Formeln lassen sich auch heute nicht finden. Aber es gibt wohl ein allen gemeinsames Betrachtungsfeld, das man – vorsichtig formuliert – als die Beziehungsebene zwischen dem Ich und dem Selbst und der in diesem Spannungsfeld investierten Libido – sprich psychische Energie – bezeichnen kann.

Jedenfalls kann festgestellt werden, daß sich auf dem Boden der Narzißmus-Theorie eine sehr eigenständige und differenzierte psychoanalytische Ich-Psychologie entwickelt hat. Die Erforschung der neurotischen Erkrankungen hat dadurch, besonders für das Wirkfeld der Familienbeziehungen bzw. der externen Objektbeziehungen des Ich-Bewußtseins überhaupt, wichtige Erkenntnisse vermittelt. Der frühe Entwicklungsraum der postnatalen »Ich-Entwicklung« hat in der psychoanalytischen »Optik« erheblich an Bedeutung zugenommen.

Demgegenüber hat sich die Analytische Psychologie C.G. Jungs sehr intensiv mit den Phänomenen des kollektiven Unbewußten und der Selbst-Instanz beschäftigt. Die hierbei gesammelten Dokumente führen ebenfalls einerseits in den Vor-Ich-Raum – also den der Urbeziehung oder der Ursymbiose – aber darüber hinaus in den Bereich der Komplexfelder und der Symbolentstehung. Der Ich-Komplex wurde vor allem in seinen eigenständigen Funktionsbereichen der Objekteinstellungen und Orientierungsfunktionen (Psychologische Typen[1]) erforscht. Dabei galt besonders den neurotischen Störbereichen die theoretisch-diagnostische Arbeit und die Übersetzung in den praktisch-therapeutischen Umgang damit.

Bei Sigmund Freud findet man über die Entwicklung einer narzißtischen Neurose,[2] daß die Söhne »eine sehr intensive, erotische Bindung an eine weibliche Person, in der Regel die Mutter« haben, »hervorgerufen oder begünstigt durch die Überzärtlichkeit der Mutter selbst, ferner unterstützt durch das Zurücktreten des Vaters im kindlichen Leben.« Freud berichtet dann genauer über die erotische Entwicklung eines solchen Sohnes und schreibt: »... er findet sein Liebesobjekt auf dem Weg des Narzißmus, da die griechische Sage einen Jüngling *Narzissus* nennt, dem nichts so wohl gefiel wie das eigene Spiegelbild, und der in die schöne Blume des Namens verwandelt wird.«

C.G. Jung schreibt: »Das Unbewußte ist die ungeschriebene Geschichte des Menschen seit unvordenklichen Zeiten. Die rationale Formel mag dem Heute und der unmittelbaren Vergangenheit genügen, nicht aber dem Menschheitserlebnis als Ganzem. Dieses verlangt die umfassende Anschauung des Mythos, nämlich das Symbol.«[3]

Man kann sich darüber streiten, ob der Umgang mit dem Mythos eine Angelegenheit der Psychologie oder der Religionsforschung bzw. der Ethnologie ist. Auf jeden Fall aber stellen sowohl der Mythos, als auch die Religion psychische Phänomene dar, die Anspruch auf einen »umfänglichen Umgang« mit ihnen haben. Die Narzißmustheorie mit ihren vielen Variationen und Deutungsfacetten weist in ihrem Ursprung bei Freud »noch auf einen Mythos hin«. Der psychoanalytische Forschungsbereich der Ich-Psychologie auf dem Boden des Freud'schen Entwurfes hat aber von der geistigen Wurzel und dem Bildreichtum des Mythos und des Mythologems von Narziß bewußt nur das Wort übernommen. Dieses ist aus der konsequenten Begrenzung des Forschungs- und Arbeitsbereiches sowohl theoretisch wie therapeutisch auf das persönliche Unbewußte durchaus erklärbar und wissenschaftlich korrekt. Bei der Auseinandersetzung mit der Dynamik des kollektiven Unbewußten dagegen ergibt sich ebenso notwendig der Einbezug gerade dieser geistigen Wurzelschicht; man könnte hier auch den Fachausdruck der Analytischen Psychologie – die archetypischen Dominanten – einsetzen. Zum persönlichen *anamneo* des einzelnen ergänzen sich die kollektiv gültigen Symbolchiffren und helfen, die Gesamtheit der Persönlichkeit zu entschlüsseln. Mit oder in seinem Mythos zu leben heißt: das neurotische Nein zum Dasein in das mythologische Ja zum Sosein zu verwandeln.

Die Reduktion der vielen Götter auf den einen Allgott im christlichen Mythos, der alles enthält und alles ist, entspricht der psychischen Hierarchie mit der Superposition des Ich-Bewußtseins. Die Fülle der Gesamtpersönlichkeit bleibt damit delegiert an die archetypischen Dominanten und wird in den Kellerraum des »Nicht-Wertigen«, des nicht aktuell Benutzbaren, des persönlichen Unbewußten oder der Schattenfunktion verdrängt. Der Mythos erinnert das Mögliche, das unbewußte Sein als schöpferisch-energetischen, zumindest in Teilaspekten bewußtseinsfähigen und integrationsfähigen Anteil, der vom Ich-Bewußtsein wahrgenommen werden sollte. Daher erscheint es konsequent, bei der Auseinandersetzung mit dem Dialog zwischen Selbst und Ich, der heute ganz wesentlich unter dem Thema des Narzißmuskonzeptes stattfindet, den Mythos, der sich hinter diesem Wort verbirgt, in seinem geistigen Entstehungsraum miteinzubeziehen.

Die Begegnung und der Umgang mit dem Mythos hat in der Tiefenpsychologie zu einer legitimen Verbindung geführt, aus der als fruchtbarste Konsequenz der therapeutische Umgang mit dem *Symbol* gewachsen ist. Dabei steht die eigentliche Erforschung der bis in die heutige Aktualität hinein mythenbildenden Kraft mehr im Blickpunkt der Geisteswissenschaft. Geisteswissenschaft und Naturwissenschaft stehen sich hier in oft harten Fronten gegenüber und kämpfen um »Standpunkte«, wobei »richtig« und »falsch« gelegentlich wie Orden oder Tadel vergeben werden. In diese zum Teil recht fruchtbare und klärende Diskussion soll in dieser Arbeit nicht eingetreten werden, und es wird daher auf Hinweise auf die sehr zahlreiche Literatur verzichtet. Dagegen soll hier versucht werden, der psychischen Dynamik und den Strukturelementen nachzuspüren, die den einzelnen Funktionsbereichen der Gesamtpsyche zugrundeliegen. Was bestimmt die individuelle Phänomenologie, was die Dynamik und Symptomatik der neurotischen Erkrankung?

Die Anfangschiffre des *Narzissos*-Mythologems heißt: Vergewaltigung – Schuld – Strafe – Tod.

Die mythologische Chiffre ist erhalten geblieben und befruchtet mit einer Teilfacette – nämlich der als *Selbstliebe* geschilderten Lebenskrise des Jünglings Narzissos – die moderne tiefenpsychologische Forschung. Es erscheint also berechtigt, zu fragen, worin die *finale* Kraft dieses geistigen Entwurfes liegt.

Das Auftauchen mythologischer Bilder sowohl in den Symbolverschlüsselungen der Träume, wie aber auch im unbewußten Spiel des Kindes, in der Aktiven Imagination oder im spontanen, unbewußten Malen, kennzeichnet auch, im Gegensatz zur Finalität, die *regressive* Dynamik, zum Beispiel in einem psychotherapeutischen Behandlungsverlauf. Der Abstieg beziehungsweise Rückweg in die Entwicklungsvergangenheit der Psyche hat dann die Schwellensituation der persönlichen Biographie (persönliches Unbewußtes) überschritten und aktiviert den Ur-Bild-Raum, bzw. die »geistige Schatzkammer« des Menschen im kollektiven Unbewußten.

Die Definition dieses Bereiches ist wegen seiner facettenreichen und bildstarken Phänomenologie nicht einfach. Die ebenfalls umfängliche und psychoenergetisch starke Dynamik signalisiert sich in einer kollektiv gültigen Symbolsprache von ebenfalls reicher Variationsbreite. Dies steht in starkem Gegensatz zu den biographischen Ich-Fakten der Bewußtseinsbereiche und kompensiert den oft schmal und eng gewordenen Raum eines an sich weiten Lebensentwurfes.

Der Begriff des »persönlichen Unbewußten«, wie C. G. Jung es bezeichnet[4], meint den Erfahrungsbereich der Ich-Erlebnisse im subjektiv-biographischen Entwicklungsraum. Für den Nicht-Ich-Bereich der Psyche wählte C. G. Jung den Begriff »kollektiv«, »weil dieses Unbewußte nicht individueller, sondern a l l g e m e i n e r Natur ist, das heißt es hat im Gegensatz zur persönlichen Psyche Inhalte und Verhaltensweisen, welche überall und in allen Individuen *cum grano salis* die gleichen sind. Das kollektive Unbewußte ist, mit anderen Worten, in allen Menschen sich selbst identisch und bildet damit eine in jedermann vorhandene, allgemeine seelische Grundlage überpersönlicher Natur.«[5]

Auch Sigmund Freud beobachtete die archaisch-mythologische Bilddokumentation des Unbewußten, die für ihn aber ganz wesentlich in dem Bedeutungsraum der »Wunschphantasien« und zunächst wesentlich im Bereich der Sexualtheorien angesiedelt werden konnte[6].

Bei Eliade dagegen liest man: »Die Bilder, die Symbole, die Mythen sind keineswegs nicht verantwortbare ›Schöpfungen‹ der Psyche; nein, sie entsprechen einer Notwendigkeit, und sie erfüllen eine Funktion: nämlich die geheimsten Strukturformeln des Daseins bloßzustellen.«[7]

Das ist ein großes und tiefes Wort, das etwas von der oben genannten finalen Gültigkeit und lebendigen Kontinuität der Ur-Bilder zu enthüllen scheint, gleichzeitig aber den Strukturbegriff enthält, der in Diagnostik und Therapie, also für Theorie und Praxis von eminenter Bedeutung ist.

Man könnte also fragen:

Enthält der Mythos schlechthin oder speziell der besonders facettenreiche griechische Mythos die Antizipation eines tiefenpsychologischen Modells, in dem die archetypischen Dominanten und die funktionelle Grundstruktur des psychischen Gesamtorganismus in die Bildprojektion geraten sind und sich daraus ein »therapeutischer Mythos« ablesen läßt?

Diese Frage erscheint um so mehr berechtigt, als man wohl sagen kann, daß ein Mythos ganz allgemein kollektiv gültige Verhaltensweisen des Menschen in dramatischer, tragischer oder poetisch-romantischer Weise auf einer »höheren«, das heißt göttlichen Ebene sichtbar werden läßt und in einer *Lysis* die Sinnerfüllung verheißungsvoll intuiert.

Warum spricht man bei einer Narzißmussymptomatik zum Beispiel nicht schlicht von einer Ur- oder Frühstörung, sondern übernimmt ein mythologisches Bild, das in vielen anderen Betrachtungsweisen als Mystifikation abgewertet und abgewehrt wird?

Der Narzißmus gehört im psychoanalytischen Arbeitsfeld als eine Erkrankungsform der Ich-Instanz zu den grundlegenden Erscheinungen psychisch-pathologischer Phänomene. Der Narzißmus hat immer eine Fehlentwicklung von Ichverhaltensweisen zur Voraussetzung und zeigt sich meist in einer gestörten Funktion einer oder mehrerer Orientierungsfunktionen, beziehungsweise im Bereich der Einstellungsfunktion, da sie die gesamte Breite der Objektbeziehungen sowohl nach draußen zur Um-Welt, wie aber auch nach innen zur eigenen Person bestimmen. Dabei ist die psychische Anfangs- und Werdesituation von entscheidender Bedeutung. Aber auch in den Mythen werden die transpersonalen Faktoren des Anfangs – also einer der kollektiv gültigen Archetypen – als unbewußt determinierende, energetische Zentren vorgestellt. Dazu gehören zum Beispiel alle Schöpfungsmythen der Kulturkreise[8].

Unsere Beobachtungen der psychischen Phänomenologie im Zusammenhang mit den Frühstörungen haben, besonders durch die Entschlüsselungen der Symbol- und Bildersprache des Unbewußten, den Forschungsweg immer wieder in den archetypischen Kernbereich und damit in die archaischen beziehungsweise mythologischen Frühschichten der psychischen Anfangsentwicklung geführt. Im therapeutischen *Setting* realisierte sich dabei in überzeugender Weise die von C.G. Jung, aber auch von Erich Neumann und anderen formulierte Erfahrung, daß gerade die im Regressionsraum eines Prozeßverlaufes auftauchenden mythologischen Bilder die nur personalen Daten zu transzendieren vermögen und der »personalistisch verengten und erstarrten Persönlichkeit des erkrankten, modernen Menschen neue Einsichten und Lebensmöglichkeiten« eröffnet werden können. Denn Mythen sind Ausdruck seelischer Wirklichkeiten und lassen im einzelnen die geistigen Strukturen sichtbar werden[9]. Dabei dient die Erfahrung mythologischer Symbolsignaturen der Entschlüsselung der bis zum heutigen Tage symbolisch gebliebenen Aussagefähigkeit des Unbewußten der menschlichen Psyche.

DER SOHN UND DAS
ARCHETYPISCHE MUTTERBILD[10]

Zum besseren Verständnis dieses Arbeitsmodells für den Umgang mit dem Unbewußten mag ein Beispiel aus einer psychoanalytischen Behandlungssituation dienen. Aus den Behandlungsprotokollen wurde dafür ausschnitthaft und themenzentriert Material ausgewählt, das den therapeutischen Dialog erklären und beschreiben soll:

Bei dem Patienten handelte es sich um einen jungen Archäologen, der wegen schwerwiegender Kontaktprobleme, allgemeinen Ängsten und einer Schlafstörung zur psychotherapeutischen Behandlung gekommen war. Wie sich im anamnestischen Erhebungsraum herausstellte, diente dieses Symptom einem »Stück psychischen, inneren Niemandsland«, hinter dem eine schwere Depression bisher einigermaßen verborgen gehalten werden konnte.

Ein lapidarer Traum aus der 8. Behandlungsstunde offenbarte sich als Schlüsseltraum für einen breit gelagerten, energetisch stark aufgeladenen Komplex, der zunächst vor allem matriarchale Inhalte und kindliches Erinnerungsmaterial für den Patienten evozierte. Der Traumtext: »Ich wandere. Ich soll eine Frau suchen. Ich weiß nicht warum. Ich weiß auch nicht wen.«

Der Patient wirkte bei dem Traumbericht bedrückt, verwirrt und etwas traurig. Das Allein-Sein im Traum und das Suchmotiv, das unter dem merkwürdig anonymen Imperativ »Ich soll« steht, dringt mit dem emotionalen Anteil unmittelbar in seine Fühlfunktion und hält ihn offensichtlich in deren introvertierter Einstellung fest. Die auftauchenden Assoziationen führen ihn in seine Kindheit. Er berichtet, daß er als Junge immer wieder einmal durch ganz bestimmte Träume erschreckt worden sei. Da hätte er von Frauen mit riesigen Brüsten und übermäßig dicken Beinen geträumt, von Frauen, die so groß waren, daß er, wenn er an ihnen hochsah, nicht den Kopf sehen konnte. Zwischen ihren Beinen sei ein kreisrundes Loch gewesen, so als hätten sie ganz schreckliche O-Beine gehabt. (Siehe Abb. 1) Die Dimension an Kraft hatte ihn schon damals stärkstens beeindruckt und ihm das unbestimmte Gefühl von Geborgenheit und des Umfangenseins vermittelt. Andererseits aber wirkte die Beziehungslosigkeit – der Kopf blieb für ihn ja unsichtbar – angstmachend. Sein passives Ergriffensein konnte noch nicht durch ein aktiv Ergreifendes beziehungsweise Begreifendes ergänzt werden.

Die Suchwanderung nach der Frau würde also, wie der Traum im Initialbereich annonciert, mit all ihren zahlreichen Facetten und dynamischen Wirkfeldern im analytischen Prozeßverlauf den Innenweg zur Selbstfindung begleiten.

Die Assoziationen des Patienten zu dem Traumbild zeigten eine Regression in die eigene biographische Vergangenheit. Das Wandern spielte in seiner aktuellen Lebenssituation eine wesentliche Rolle, da er beruflich viel auf Reisen war. Der Suchweg im Traumbild selber blieb eigentümlich farblos: »Es könnte sein, daß ich durch einen Wald ging, das war nicht deutlich, vielleicht war es dunkel oder auch dämmrig, ich habe daran keine richtige Erinnerung.« Zu dem Erinnerungstraum ergänzt er, daß er zu seiner großen Überraschung bei seinem Studium der alten Kulturen gerade solche Bilder und Skulpturen, die seinen Kindheits-Traumfrauen glichen, gefunden habe. (Siehe Abb. 2 u. 3). Aber auch in der Kunst seien sie ihm neuerdings begegnet, bis hin zu Henry Moore, der mit »seinen obstrusen Darstellungen« geradezu in die Frühzeit zurückgefallen sei. (Siehe Abb. 4 u. 5).

Die durch das Traumbild hervorgerufene assoziative Regression in die archaischen Frühbereiche der individuellen Bewußtseinsentwicklung läßt immer auf dominante, sehr oft negative Frühengramme (internalisierte Objekte) im primären Entwicklungsraum des Kindes schließen. Der Beginn der analytischen Arbeit als aktueller, rezenter Erlebnisfaktor evozierte im Komplexbereich psychische Energien, die über Symbolbrücken zur Bewußtseinsintegration angeboten wurden. (Siehe Abb. 6).

Natürlich war es kein Zufall, daß der junge Mann schon als Kind durch seine Träume in so klassischer Weise den archaischen Strukturen des »Großen Weiblichen« begegnete. Wie seine Lebensgeschichte bewies, war das seelische Klima, in dem er aufgewachsen war, wesentlich von Großmutter, Mutter und weiblichem Dienstpersonal bestimmt. Seine Mutter war eine kleine und zierliche Frau, die allerdings das ganze Hauswesen durch ihre Energie beherrscht hatte. Sie konnte also als »optische« Erfahrung nicht als Auslöser dienen für die kindlichen Traumbilder vom »Großen Weiblichen«. Der Vater des Patienten war im Krieg gefallen. Es wurde für den Patienten ein eindrucksstarkes Erlebnis, als sich zu den Träumen auch gezeichnete Bilder gesellten, die als Spiegelgespräch – »ich sehe mich in ihnen« – einer Entdeckungsreise nach Innen gleichkamen (s. Abb. 6, 7, 9).

Beim genaueren Erforschen des Erinnerungstraumes und seinem zeitgebundenen Auftreten – »als Kind« – wird für den Patienten deutlich, daß der Traum vor Schulbeginn seine Nächte beunruhigt haben mußte, denn um ihm eine adäquate Schulausbildung geben zu können, wurde er zu einem in einer nahegelegenen größeren Stadt lebenden Onkel geschickt. Hier lebte er in einer mehrköpfigen Geschwistergruppe, wobei für ihn der Onkel einige Zeit eine Vaterfigur darstellte. Die Signaturen des Traumes blieben seitdem in ihrer, ihn ängstigenden Bildform stumm. Sie zeigten aber in ihrer unbewältigten Energetik sehr deutlich ihre »strukturierende« Wirkung in einer allmählich zunehmenden Störung. Er war an sich sehr angepaßt, konnte aber eruptiv und unvorhersehbar äußerst jähzornig sein. Er schlug dann nach allem und jedem. Er »geriet völlig außer sich« und wurde – entsprechend dem traditionellen Erziehungsstil – dann vom Onkel geschlagen. Religion und Kastengeist kanalisierten das individuelle *agredo* in die üblichen Verhaltensschienen der Gesellschaft. Seine männliche Identität bestand zum großen Teil in einer gefährlich dünnen Persona eines sozial voll akkreditierten und – nach diesen Gesichts- bzw. Standpunkten – erfolgreichen Insiders. Sein individuelles Außenseiterwesen blieb so lange depotenziert, bis offenbar der »Homo totus«, wie C.G. Jung ihn aus der Alchemie zitiert[15], oder – wie er selber es nennt – jener verborgene »noch nicht manifestierte ganze Mensch« in ihm seine symbolischen Symptomsignale so verschärfte, daß ein individueller Suchweg im Bewußtsein abgerufen wurde.

Auch bei ihm zeigte sich sehr deutlich, daß ein negativer Komplex nicht der Kontrolle des Willens untersteht, sondern seine eigene psychische Autonomie besitzt. Diese Autonomie kann, wie C.G. Jung immer wieder betont, sogar in direktem Gegensatz zu ichbewußten Willenstendenzen in Erscheinung treten und die Bewußtseinstendenzen so dominieren, daß die aufgeladene Energie sich in affektiven und aggressiven Durchbrüchen ein Ventil verschafft[16].

Aus allen Äußerungen des jungen Mannes ging hervor, daß bis zum Beginn der Analyse die Begegnung mit der Frau für ihn mit einer ihn erschreckenden Faszination belastet war. Seine konventionellen Kontakte hatten sich bisher in äußerster Distanz – um nicht zu sagen: Flucht – bewegt. Seine sexuellen Bedürfnisse wurden weitgehend verdrängt und mündeten allenfalls in homoerotische Phantasien. Allein das Wort »Onanie« ließ ihn schamrot werden, Selbstbefriedigung stand unter schwerstem moralischem Tabu. Potenzängste und dementsprechende negative Erfahrungen hatten das Begegnungsfeld der Partnerschaft zusätzlich verdunkelt. (Siehe Abb. 7 u. 8).

Bei sehr guter Begabung war er äußerst erfolgreich im Beruf. Der Grund seines aktuellen Kontaktes zur Psychotherapie war eine schwere Depression und sein immer auffälliger werdendes Verhalten, das im beruflichen und privaten Rahmen, in dem er lebte, nicht mehr tolerierbar war.

Die Bestätigung, daß seine ihn so früh erschreckenden »Innenbilder« übereinstimmen mit den künstlerischen oder ursprünglichen Ausdrucksformen – »Urvorstellungen«[17] – die bei allen Naturvölkern zu finden sind, wurde für den jungen Mann eine befreiende Erkenntnis. Es war eine wichtige Erfahrung für ihn, daß die Phänomene der archaischen Kollektivpsyche trotz aller Kulturgrenzen eine innere Gemeinsamkeit bewirken, so daß er selber sich nicht mehr ausgeschlossen und vor allem nicht mehr »unnormal« zu fühlen brauchte.

Die Isolierung, die bei ihm als Folge einer »splendid isolation« des »hochgeborenen Kindes« schon zu Beginn seines Lebens zur gewohnten Lebensform wurde – er wuchs in einem Schloß auf – hat seine primäre Beziehungsfähigkeit zum Objekt, auf dem Boden der pränatalen Dyade, für sehr lange Zeit nicht die Realität der Triade – der Eltern-Kind-Beziehung – hineinwachsen lassen. Seine kindliche Entwicklung war matriarchal bestimmt, seine Umwelt diesem Bereich dienend zugeordnet. Er wurde schon als Kind zum »Herren« erzogen, aber erhielt als Sohn der Mutter und Enkel der Großmutter seine unbewußten Regulationen. Damit konnte aber auch ein sehr wesentlicher Entwicklungsschritt, die Reifungsschwelle der ödipalen Auseinandersetzung, nicht adäquat bewältigt werden.

Worin liegt der symbolische, und worin liegen der archetypische oder der symptomatische Sinn? Verallgemeinernd könnte man sagen, daß die »narzißtische Neurose« gekennzeichnet ist durch eine Objektisolierung nach außen hin und eine Objektdominanz oder -aufblähung nach innen hin. Psychodynamisch besteht dabei immer eine Fixierung im Komplexbereich. Die neurotischen Verhaltensweisen, ihre spezifischen Facetten dagegen werden über die Delegation an die Anima- bzw. Animusbereiche erfahren. (Siehe Abb. 9).

Es ist ein auch heute nicht allzu seltenes Erlebnis, daß ein junger Mann gestehen muß, daß er sich vor der Frau fürchtet. Welche Kränkung seines Selbstgefühls und seiner durch Tradition so gesicherten Position männlicher Überlegenheit und Unabhängigkeit! Welch unbewältigtes Gefühl, ein kleines Kind zu sein, gegenüber dem Großen, Mächtigen und Gefangenhaltenden! In welchem Mythos ist die Große Göttin lebendig, die allmächtig das Universum bestimmt? Der Regressionsweg in den mythologischen Erinnerungsraum geistig-seelischer Menschheitserfahrung hieß im Initialtraum des Patienten: Suche die Frau: was aus dem Hintergrund seiner Kindheitsträume auch heißen könnte: Entbinde deine weiblich schöpferischen Seelenanteile aus ihrer matriarchalen Gefangenschaft, damit du im Heldenkampf die männlich-patriarchale Identität gewinnst. Und da es die Funktion des Mythos ist, die typischen Möglichkeiten menschlichen Verhaltens in den gültigen Bildern göttlicher und halbgöttlicher Präsenzen durchzuspielen, ist es hier wichtig – und immer dann, wenn die Urbilder sich dem Bewußtsein annoncieren – die Frage nach der mythologischen, innerpsychischen Dynamik zu stellen und den Mythos an seinem Ursprungsort aufzusuchen, um aus den Ur-Bildsignaturen die finalen Wegweiser für das Prozeßgeschehen zu erfahren.

Das besondere Interesse, das die Tiefenpsychologie an der ernsthaften und von manchen Irrtümern befreiten Beschäftigung mit der Mythologie in zunehmendem Maße zeigt und das in der Analytischen Psychologie einen breiten theoretischen und therapeutischen Raum einnimmt, ist auch mit dem Namen des ungarischen Religionshistorikers und Philologen Karl Kerenyi verbunden. In dem von ihm und C.G. Jung gemeinsam herausgegebenen Werk: »Einführung in das Wesen der Mythologie«[18] heißt es: »Die Psychologie übersetzt also die archaische Sprache des Mythos in ein modernes, als solches noch nicht erkanntes Mythologem, das ein Element des Mythos Wissenschaft« bildet. Es ist sicherlich nicht ganz leicht, den vorwiegend rationalen und mit analytischem Denken erfaßbaren Bereich dessen, was man unter Wissenschaft verstehen möchte, in dieser Weise gleichgesetzt zu lesen mit dem Begriff Mythos: Wissenschaft als Mythos – oder Mythos als Wissenschaft.

Aber die Erforschung und Entschlüsselung der großen mythologischen

Chiffren erweitern tatsächlich das Verständnis der psychischen Frühstufen der Menschheit und geben damit besonders der Ich-Psychologie im Entwicklungsraum von Selbst und Ich fruchtbare Impulse. In der interessanten Studie: »Umgang mit dem Göttlichen«[19] heißt es dementsprechend: »Der Mensch ist von der Wissenschaft noch nicht ermittelt worden, er ist vielmehr ein echter Stoff der Mythologie.«

Fast möchte man glauben, daß es der Archetyp des Heilers beziehungsweise des heilkundigen Arztes ist, der hier aus der Tiefenschicht der Psyche mythologische Elemente in das »moderne wissenschaftliche Denken transzendiert.« Mythen lassen sich aber auch vom rational bestimmten Denken nicht endgültig auf eine Eindeutigkeit reduzieren. Kerenyi spricht von der Mythologie als von einem »Stoff«, der Symbole evoziert und damit die Dynamik geistigen Seins und Werdens bestimmt. Mythos umfaßt immer Handlung und Wort, ist ein vom Ich vermitteltes Bild, beschwört Wort gewordenes Lebensdrama und zeigt letztlich die Begegnung von Göttlichem und Menschlichem, von Schöpfung und Materie.

Der Traum des jungen Mannes mit der lapidaren Aufforderung, die Frau zu suchen, entsprach so sehr den Wünschen und Forderungen aller ihn umgebenden Bewußtseinsinstanzen, daß seine Ich-Instanz mit dieser Thematik als Leistungsforderung identifiziert war. Das »goldene Namensschild« mußte weitergegeben werden, das Ahnenerbe brauchte dringend den Nachwuchs in einer jüngeren Generation. Aber hinter dieser Frau, die noch anonym und gesichtslos ist – also niemand oder jede sein kann – verbirgt sich das »Bild der Frau«, die weibliche Seelenfunktion des Mannes, die »das Unbewußte mit all jenen Tendenzen und Inhalten darstellt, die bis dahin vom bewußten Leben ausgeschlossen waren«. Und hier taucht hinter dem Patienten der Schatten des *Narzissos* auf, der seinerseits ein Lebensschicksal im Machtbereich der Großen Göttin – des Großen Weiblichen – vollziehen mußte.

DAS MYTHOLOGEM DES NARZISSOS

Narziß

> An sich selbst
>
> Wie alle Schritte mich auf deine führen!
> Ich halte dich. Und doch entfliehst du mir.
> Ich bin nur in und Niemals neben dir ...
> Nie werd ich, nie, nie deinen Mund berühren.
> Wenn mich zu dir allein die Wünsche treiben,
> was ist's, daß dich mein Arm nicht greifen kann?
> Mein Geist steht frei vor dir und sieht dich an –
> was muß mein Leib in dir gefesselt bleiben?
>
> Nino Erné, aus: »Der sinnende Bettler«[20]

Die vermutlich erste Beschreibung einer »narzißtischen« Neurose findet sich im griechischen Mythologem von Narzissos, dessen Lebensbeginn bereits tragisch überschattet war. Das mythologische *anamneo* berichtet, daß Kephissos, ein Wassergott, die schöne Nymphe Leriope überfiel, daß er sie vergewaltigte und daß sie von ihm schwanger wurde.

Es ist kaum anzunehmen, daß ein an sich so banales Ereignis wie diese biographische Chiffre einen solchen Aufwand an Erinnerung rechtfertigt. Narzissos stellt eine Sohn-Facette dar im großen »Sohn-Fächer« des gesamten Mythos, zu dem letztlich Zeus selber vor seinem göttlichen Aufstieg als ein vom Vater ungeliebter Sohn ebenso gehört, wie der in sein tragisches Schicksal eingewobene Ödipus. Aber »die Geburtsgeschichte ist immer das Mythologem, das das Wesen eines Gottes in dessen erstem Aufleuchten auf das Einprägsamste ausspricht«[21]. Dennoch kann man immer wieder beobachten, daß kollektive Banalität für den einzelnen zum schöpferischen Schicksalsaufbruch werden kann. Man sieht dem einzelnen Mosaikstein auch nicht an, daß er zur Ganzheit eines Kunstwerkes notwendig ist.

Die Betonung des Flusses, des Flußgottes und der Wassernymphe als Eltern dient wahrscheinlich dem Hinweis, daß der »Lebensfluß« selber Planer am Lebensschicksal dieses »Flußkindes« war und ihn und seine Eltern damit in das große Allgemeine seiner Zeit hineinstellte. Jedenfalls ereignete es sich in der Zeit und im Raum des Eroskultes, in dem Göttinnen und Götter gleichermaßen zu Beschützern der Liebe aufgerufen waren.

Der Flußgott Kephissos wurde von Zeus (Neptun) bestraft, der ihn – so berichtet der Mythos – wegen dieser »Schandtat« unter die Erde schmetterte. Die Nymphe Leriope gebar einen Sohn, von dem es heißt: »Der war so schön wie kaltsinnig, welches seine Mutter um seine Zukunft besorgt machte.« Man hört nicht viel mehr von ihm selber, sondern sieht im mythologischen Bild mehr seine Anbeter, die ihm Liebe anbieten, um seine Liebe werben oder an seiner Ablehnung sterben. Narzissos zeigt also als Primordialsymptom eine schwere Kontaktstörung. Er war unfähig, als Gebender oder als Empfangender Beziehungen anzuknüpfen oder auf Beziehungsversuche zu reagieren:

»Oft von Jünglingen ward er begehrt und oft auch von Mädchen; aber so zart sein Leib, war er hochmütig und spröde, und so rührten ihn weder ein Jüngling noch eines der Mädchen.«[22]

Man ist versucht, hier bei der Frage nach dem Typogramm an eine von der Dynamik her stark introvertiert eingestellte und möglicherweise komplexbesetzte Fühlfunktion zu denken, durch die er in seinem Objektbezug zunächst immer sich selber in die psychische Optik bekommen mußte.

DER BLINDE SEHER

Und nun betritt eine wichtige Gestalt die Lebensbühne dieses Sohnes. Sowohl historisch wie aber auch mythologisch entsteht der Eindruck, daß dadurch ein Signal beziehungsweise eine symbolische Chiffre gesetzt wurde, die weit über das tragische Einzelschicksal des Narzissos hinausreicht.

Aus Sorge nämlich um die Zukunft ihres Kindes wendete sich die Mutter des Narzissos an einen damals dafür zuständigen psychologischen Berater. Der dazu Berufene war der zwar organisch blinde, aber eben psychisch sehend gewordene Teiresias: der alte Weise, der Seher, der Wissende, der Orakelverkünder und der Langlebende – er überlebte viele Geschlechter – dessen Orakelsprüche aus der *inneren* Schau entstanden. Wie die verschiedenen Lebensmosaiken, die die Gestalt des Teiresias umgaben, zeigen, war er ein vielfach Erfahrener, der vor allem »sich selbst« in einigen besonders wesentlichen psychischen Verhaltensweisen kennengelernt hatte.

Im allgemeinen kannte man ihn nur als einen Blinden, der gleichzeitig sehend war. Aber er war es nicht von Geburt an. Wie es in einer Version des Mythos heißt, beobachtete er als junger Mann eines Tages die Göttin Pallas Athene oder Aphrodite nackt beim Baden und wurde – oder war – von der Göttin geblendet. Auf Bitten seiner Mutter hin verlieh ihm die Göttin die Gabe, die Sprache der Vögel zu verstehen, was auch bedeuten könnte: geistige Erfahrungen besonderer Art zu machen.

In einer anderen Version des Mythos wird berichtet, daß Teiresias bei einer Wanderung im Gebirge zwei Schlangen im Liebesspiel beobachtet: eine ausgesprochene Unkeuschheit, denn die Scham fängt in den Augen an. Weil er sie stört und dabei die weibliche Schlange mit einem Stab, den er in der Hand trägt, so schwer verletzt, daß sie stirbt, wird er selber in ein Weib verwandelt.

Das sehr eigentümliche und märchenhaft anmutende Ereignis enthält einen weiten Entwurf. Die Kombination von Stab und Schlange läßt an den Stab des Asklepios denken, der als Sinnbild ärztlicher Tätigkeit bis in die heutige Medizin seine Gültigkeit nicht verloren hat. Als Kerykeion oder Caduceus ist er mit zwei sich paarenden Schlangen Symbol der Fruchtbarkeit und – der Stab als phallisch-schöpferisches Element – Symbol des

Schöpferischen schlechthin. Die Vereinigung der Gegensätze stellt das Bild damit in den Raum der Selbst-Symbolik.

Es sieht also so aus, als würde damit der Initiationsweg des Arzt-Seins für Teiresias abgerufen werden. Die Betonung des Weiblichen – einmal in der Begegnung mit der **Göttin**, in der anderen Version die weibliche Schlange – deutet für ihn als Mann auf die spezifische Gegensatzthematik hin. Teiresias steht am Schnittpunkt zweier verschiedener Seinsebenen. Das, was wie Strafe aussieht, bewirkt also den Erfahrungsweg dunkler, das heißt unbewußter seelischer Bereiche. Der mythologische und symbolische Bereich der Schlange öffnet das Tor zum Schoßbereich des Empfangens, des Werdens und des Gebärens. Dazu kommt das biologische Ereignis der jährlichen Häutung, das von jeher symbolisch als Möglichkeit der Erneuerung, der Auferstehung und – speziell im Heilbereich des Arztes – als Gesund- oder Heil-Werden verstanden wurde.

Nach sieben Jahren, also einer biologischen Wandlungsphase, wiederholt sich im Mythologem des Teiresias das gleiche Bild: wieder sieht er auf einer Wanderung im Gebirge das **Liebesspiel** eines Schlangenpaares. Diesmal aber **erkennt** er das Mysterium – und erhält seine männliche Identität zurück.

Auf Grund dieser Erfahrungen galt Teiresias nun als besonders klug und wurde einst auch zur Schlichtung eines Streites zwischen Hera und Zeus berufen. Zeus hatte gesagt: »Ihr Frauen empfindet der Wollust Freude viel stärker, als sie uns Männern zuteil wird.« Teiresias konnte nicht gut klüger sein als der große Gott und sagte, daß von zehn Anteilen am Liebesgenuß neun der Frau zufielen. Hera war darüber so erbost, daß sie ihn blendete: »... und verurteilt zu ewiger Nacht die Augen des Schlichters des Streites. Doch der allmächtige Vater verlieh ihm Wissen der Zukunft statt des geraubten Lichtes und lindert die Strafe durch Ehre.« Darüberhinaus verlieh er ihm die siebenfache Lebenszeit des Menschen[23].

Was bedeutet uns dieser Mythos vom blinden Seher heute?

Teiresias schlägt nach den Liebenden oder schaut nach der nackten schönen Liebesgöttin, das heißt, er ist eifersüchtig und neugierig. Aber er gehörte wohl auch noch zu den matriarchal gebundenen Söhnen, die selber ihre Lust nur zu einem kleineren Teil *bewußt*[24] erleben können und, wie die sich ablösenden Jünglingsgeliebten dem Großen Weiblichen gegenüber, angstvoll aggressiv reagieren. Erst mit der zunehmenden *Bewußtwerdung des Mannes*, bei der die matriarchale, naturhaft bestimmte Bewußtseinshaltung von einer patriarchal bestimmten Weltbetrachtung abgelöst wird, kann der Mann für männliches Wesen und Fühlen sehend werden. Von den Großen Göttinnen mit Blindheit bestraft, aber bezeichnenderweise auch vom obersten Vatergott Zeus mit *Hellsichtigkeit* und langem Leben, also göttlichen Fähigkeiten begabt, besaß Teiresias die Eigenschaften, die ihn das Unbewußte erkennen ließen, um es dem Ich-Bewußtsein als Schicksalsentwurf zu verkünden. »Das Holz, auf das sich Teiresias stützt, ist das Kreuz, und das Lichtmysterium, das ihm seine blinden Augen öffnet, ist die Taufe«, so holt Hugo Rahner den mythologischen Träger des Schicksalswissens in den christlichen Mysterienraum[25]. Es erscheint also fruchtbar, der eigentümlichen Aufgabe des Sehers und Weisen, wie es immer wieder im Mythos heißt, eine besondere Beachtung zu schenken. War Teiresias das Urmodell eines Psychotherapeuten?

Immer ist er Schicksalsverkünder und Wissender. Aber er deutet nicht und er verhindert auch nicht. Er zeigt die »Fakten«, und er scheint nie gefragt zu werden: wie oder was soll ich machen? Wer oder was versiegelt ihm den Mund? Oder ist sein Auftrag gerade dieses: Schicksal zu sehen, zu ahnen, es anzumahnen – aber eben nicht, es zu verhindern?

Wenn man an die modernen Formen von Psychotherapie denkt, in denen der Therapeut ja kontinuierlich mit den Orakelsignaturen von Symptom und Symbol konfrontiert wird, dann entsteht doch oft der Eindruck, als würde ein paragraphiertes Therapiemodell oder eine bestimmte Behandlungstechnik oder das Trainieren neuer Verhaltensweisen, beziehungsweise Nachhilfeverfahren ungelebter Familienfacetten in geschickt manipulierten Gruppenerlebnissen den Freiraum des eigenen Schicksals nicht mehr konstellieren. Teiresias hatte offenbar die Kraft und die Identität, Untergänge, Abbrüche, Schicksalserfüllungen und damit eigentlich den jeweiligen Mythos des einzelnen zuzulassen, zu ertragen und gerade dadurch der schöpferischen und gestalterischen Energie immer wieder ein neues Wirkfeld anzubieten. Damals gab es noch kein Setting, kein Arbeitsbündnis, kein Gutachterverfahren, keine Leistungsgrenze und kein Leistungsziel der Anpassung. Aber es gab auch damals schon Menschen, die in Not waren, die Konflikte hatten und Rat suchten. Auch damals schon standen die

Menschen im Spannungsfeld zwischen Bios und Kosmos und mußten um ihre Lebensmeisterung ringen. Es ist dieser Kulturraum in der Geistesgeschichte der Menschheit, der in besonders eindrucksvoller Weise das Mythologem der Geburt aus dem Tode in seiner mythologischen Signatur bewahrt und es in der Symbolchiffre des Kreuzes-Todes weitergegeben hat – denn »Leiden ist das schnellste Pferd, das uns zur Vollendung trägt« (Meister Eckehart).

Die Diagnose des Teiresias für Narzissos war einfach und dabei symbolisch verschlüsselt: Narzissos würde ein hohes Alter erreichen, »wenn er sich selber nie anblickt«. Etwas anders ausgedrückt, könnte dies auch heißen: Er darf nie reflektieren, nie nach dem Sinn fragen, darf nichts wissen von Vergangenheit und Zukunft. Hier wird ganz offensichtlich, daß »sich selber erkennen« mit dem Todesmysterium gleichgesetzt. Der Tod als Zwillingsbruder der Geburt aber bedeutet *Trennung* als Keim jeder Entwicklung. An dieser Schwelle wird das *agredo* entbunden, das Leben und Sterben gleichermaßen gestaltet.

Wenn man diese Mahnung des blinden Sehers in moderne, tiefenpsychologische Sprache übersetzen wollte, müßte man eigentlich annehmen, daß bei den extrem jeden Kontakt vermeidenden Verhaltensweisen des Narzissos, von denen der Mythos berichtet, ihm eine ebenso extreme Angst und Ich-Schwäche, das heißt unbewußte Verlustangst, in die totale Isolierung getrieben haben mußte. Allerdings scheint zunächst jeglicher Leidensaspekt zu fehlen, so daß die Vermutung naheliegt, daß er wie der im matriarchalen Bewußtseinsfeld lebende Trabant beziehungsweise der im mütterlichen Imperium geschützte Sohn zu leben schien: ununterschieden, noch ohne Trennung, ohne Erkenntnis von Ich und Dualität: Denn Ich-Entwicklung kann nur geschehen als Unterscheidung zwischen Ich und Selbst. S i c h selbst zu erkennen, setzt eine Ich-Instanz voraus. Das S e l b s t zu erkennen, heißt, das Ich zu transzendieren. Über Narzissos hört man zunächst nichts darüber, daß er sich selbst liebt oder bewundert, da er ja – der Warnung des Orakels gehorsam folgend – sich selbst nicht erkannte. Das Leiden beginnt für Narzissos in dem Augenblick, da sein Lieben beginnt; und das heißt, da sich ihm der Dualraum des Eros zu öffnen beginnt. Damit öffnet sich für ihn aber auch die »Sackgasse« seines bisherigen Lebensweges, der ihm selber bis dahin das Leiden zu ersparen schien.

»Psychotherapie« lag damals noch in den Händen der Götter und verlief im Prozeßverlauf des Schicksals. Dabei ist aber eben der Schicksalsbegriff selber ein Element, das in seinem Inhalt und auch in seiner Wirksamkeit einem dynamischen Wechsel unterliegt, der von der jeweiligen Kraft des Ich-Bewußtseins abhängig ist. Die eigene Biographie oder das Ahnenerbe kann als Schicksal erlebt und angenommen werden. Aber erst im Beziehungsraum zwischen Ich und Selbst findet sich die Energie, um mit ihm gestalterisch umgehen zu können: An dieser Begegnung mit den eigenen Lebenschiffren entsteht daher oft die Neurose mit ihrer im Symptom eingebundenen Aufforderung nach Dechiffrierung: »Die Neurose ist stets ein Ersatz für legitimes Leiden.«[26] Hierher gehört aber auch das sehr aktivierende Wort des Altmeisters Goethe: »Was du ererbt von deinen Vätern, erwirb es, um es zu besitzen.«

Man erfährt im Mythologem nichts über die Ich-Entwicklung des Kindes Narzissos. Die deutlichen Ich-Signale, die überliefert sind, entstammen seiner Jünglingszeit und befassen sich mit seinem Abwehrkampf gegen die hohen Forderungen im Eros-Kult. Einmal schickte er einem ihn liebend Bedrängenden sein Schwert. Daraufhin brachte sich dieser vor seiner Haustür um und vertiefte den Orakelspruch durch einen Fluch, in dem er die Rachegöttin Nemesis anflehte: »Möge er selber so lieben – so nie das Geliebte besitzen.« (Ovid) Damit wird aber neben Eros und Aphrodite nun auch die Göttin aufgerufen, die als Hüterin des Schicksals schlechthin gilt, die Göttin des Maßes und Übermaßes und damit die Hüterin des Gleichgewichtes, des geeinten Gegensatzes – also eine von den Ur-Hüterinnen des Selbst und der dynamischen Ganzheit.

Todesgöttin, Schicksalsgöttin und Liebesgöttin stehen hier in der mythologischen Dynamik ebenso nahe beieinander, wie im germanischen Mythos die drei Nornen Urdhr, Verdhandi und Skuld, die den Todes-, Schicksals- und Lebensfaden spinnen am Fuße der Weltesche Yggdrasil – am Brunnen des Lebens, aus dem die drei Lebensquellen entspringen. Vergangenheit, Gegenwart und Zukunft, beziehungsweise Gewordenes, Seiendes und Werdendes konstellieren sich hier als archetypische Wegsignale.

Bei dem griechischen »alten Weisen« Teiresias bestand die im psychotherapeutischen Raum oft zu hörende Frage: Mache ich es richtig oder mache ich etwas falsch, werde ich schuldig oder mache ich Schuldgefühle, darf ich etwas tun, oder muß ich es lassen, ganz offensichtlich nicht. Teiresias erkannte den Schicksalsentwurf: es *ist* und es wird *sein*. Darin aber verbarg sich, ohne daß er es aussprach: *Es sei denn, du änderst dein Schicksal.* Hierin liegt der Mut, menschliches Sein auch dann zu akzeptieren, wenn es kollektiven Vorstellungen nicht entspricht: wenn Außenseitertum zur Persönlichkeit gehört oder eben einfach das Vertrauen in die Kraft zur Wandlung. Denn im Schicksal wie im Orakel ist immer der Freiraum einer Ich-Entscheidung enthalten, der die Verantwortung individualisiert und damit der Kollektivität eines mythologisch-geistigen Entwurfes die Einmaligkeit einer aktuellen Seinssituation gegenüberzustellen vermag. Er beinhaltet keine »eindeutige« Entscheidung und greift damit dem Ich-Bewußtsein nicht vor.

DER VERWUNSCHENE PRINZ

Das Orakel-Thema ist ein weltweit gültiges Muster menschlichen Verhaltens, so daß es nicht schwer ist, es in den Bereich archetypischer Wirkfelder der unbewußten Psyche einzuordnen. Vom »Orakel-Buch« der Chinesen I Ging, über die Mythen und Märchen bis in die Gazetten-Astrologie reichen die Variationen und Amplifikationen. Und für den Tiefenpsychologen wird in dieser Beziehung der oft orakelhaft anmutende Charakter der Initialträume als psychodynamischer Weg-Entwurf für den Behandlungsprozeß von besonderer Bedeutung.

Vergleichende Betrachtungen dieser Ur-Elemente geistig-seelischen Seins und seiner variationsreichen Gestaltung im imaginierten, oder auch poetischen Bild zeigen immer wieder die gleiche, typische Dominanz der gültigen Frühsignale. So heißt es zum Beispiel in einer interessanten Variante des weltweit bekannten Fluch-Schicksalsmotivs – wie es im deutschen Dornröschen-Märchen[27] nachzulesen ist – in einem ägyptischen Märchen[28] vom »verwunschenen Prinzen«, daß bei seiner Geburt die »Hathoren«, die Schicksalsgöttinnen, auftauchten und sagten: »Er stirbt durch das Krokodil oder durch die Schlange oder durch den Hund«.

Das uralte Märchen schildert das Schicksal eines Prinzen, der ebenso wie Dornröschen oder eben auch Narzissos, Zeus oder Ödipus eingeschlossen, bewahrt oder behütet wird, um seinem Schicksal zu entgehen. Aber Dornröschen steigt zu dem verbotenen Zimmer in den Turm, Narzissos spiegelt sich im Wasser, und der Prinz des Märchens steigt auf das Dach seines Hauses, das heißt er geht auf eine höhere Ebene. Er entwickelt also eine neue Bewußtseinsebene mit weiterem Blick. Es glückt ihm, sich **selbst** also mit dem eigenen **Schicksal** zu konfrontieren. Seine eigene Frau ist es, die von ihm »erkannte Anima«, die zu ihm sagen kann: »Sieh, dein Gott hat eines deiner Schicksale in deine Hand gelegt, ebenso wird er dich auch vor den beiden anderen beschützen.«

Der eigenartig hieroglyphenartig wirkende Text des ägyptischen Märchens ist nicht nur unvollständig, weil die Handschrift abbricht, sondern auch eigentümlich offenbleibend, wie es der psychischen Aufbruchsphase der Pubertät entspricht.

Der Märchentext lautet:

»Es war einmal ein König, sagt man, dem kein Sohn geboren war. Da erbat sich Seine Majestät bei den Göttern seiner Zeit einen Jungen, und sie befahlen, daß ihm einer geboren würde. Er schlief mit seiner Frau in derselben Nacht, und siehe, sie wurde schwanger. Als sie ihre Monate der Geburtserwartung vollendet hatte, wurde ihr ein Sohn geboren.

Da kamen die Hathoren (Schicksalsgöttinnen), um ihm sein Schicksal zu bestimmen. Sie sagten: ›Er stirbt entweder durch das Krokodil oder durch die Schlange oder durch den Hund.‹ Das hörten die Leute, die bei dem Kinde waren, und erzählten es Seiner Majestät. Da wurde das Herz Seiner Majestät überaus traurig. Und Seine Majestät ließ ihm in der Wüste ein Haus aus Stein bauen, das mit Leuten und lauter schönen Sachen des Palastes ausgestattet war. Das Kind ging niemals hinaus.«

Auch diese Eltern möchten verhindern, daß die Konfrontation mit der Schwelle – die Kreuzweg-Situation, die in jeder Entwicklung die Todesstunde von gestern und die Entscheidung für morgen enthält – stattfindet, wie bei Narzissos, Ödipus, Adam und Eva, Dornröschen und immer wieder jedem, der geboren wird.

Wie in allen Märchen reagieren die Erwachsenen auf die Begegnung mit dem Geist – gleichgültig ob Großeltern, Parteien oder Denkmodelle, Orakel, ob Feen, Dämonen oder Götter – rational und im Sinne der Verhinderung.

Aber:

»Als der Knabe groß geworden war, stieg er einmal auf des Hauses Dach und erblickte einen Windhund, der einem erwachsenen Mann folgte, der auf dem Wege vorbeiging. Er sagte zu seinem Diener, der bei ihm stand: ›Was ist das, was hinter dem Mann hergeht, der auf dem Wege daherkommt?‹ Er antwortete ihm: ›Das ist ein Hund.‹ Da sagte der Knabe zu ihm: ›Man bringe mir auch einen solchen.‹ Da ging der Diener und berichtete es Seiner Majestät, und Seine Majestät sprach: ›Man bringe ihm einen kleinen Zappler, damit sich sein Herz nicht betrübe‹, und man brachte ihm den Hund.«

Es ist für den Prinzen die Augen-Ebene, die Erkenntnis- und Bewußtseinsebene, die den Weg zum äußeren Objekt findet und die Steinmauern der Verhinderung überspringt.

»Und viele Tage danach war der Knabe von Kopf bis Fuß erwachsen und wandte sich folgendermaßen an seinen Vater: ›Was soll dabei herauskommen, daß ich so herumsitze? Sieh, ich bin nun einmal den drei Schicksalen befohlen. Drum laß mich nach meiner Neigung handeln, bis der Gott tut, was er im Sinne hat.‹«

Es ist also der pubertierende Sohn, der sich dem matriarchalen Schutzraum der Geborgenheit innerhalb eines Hauses ohne Weltbezug – in der Wüste – widersetzt und nun seinem eigenen Schicksal begegnen möchte.

»Da schirrte man ihm einen Wagen an, mit jeder Art von Waffen ausgerüstet, und gab ihm einen Diener als Gefolgsmann. Man setzte ihn auf das Ostufer über und sagte zu ihm: ›Zieh nun aus nach deinem Belieben!‹ Sein Hund war bei ihm.

Er zog ganz nach seiner Lust nordwärts durch die Wüste und lebte vom besten allen Wildes der Wüste. So gelangte er zum Fürsten von Naharina (am oberen Euphrat).«

Der Weg des Heldenkampfes, um die schöpferischen Möglichkeiten der eigenen Waffen, der eigenen Potenz zu entdecken, nimmt seinen Anfang. Und sein Schicksalsabruf steht schon bereit:

»Dem Fürsten von Naharina war aber kein Kind geboren außer einer Tochter. Für sie war ein Haus gebaut worden, dessen Fenster siebzig Ellen (über 35 m) überm Boden lag. Er ließ alle Söhne aller Fürsten des Landes Syrien holen und sprach zu ihnen: ›Derjenige, welcher das Fenster meiner Tochter erreicht, der bekommt sie zur Frau.‹«

Denn die Hochzeitsinitiale in dem Symbol des »Fenstereinstiegs« ist damit gesetzt.

Danach beginnt die übliche Quest, die aller Einweihung vorausgeht, um Charakter und Widerstandsfähigkeit zu prüfen und zu festigen, wobei das weibliche Element in der Personifikation der Prinzessin sich als besonders tragfähig und phantasievoll, bzw. einfallsreich erweist. Der Prinz aber hat einen wesentlichen Entwicklungsschritt vollzogen. Die Erfahrung des Erfolges und die *conjunctio* mit der Frau haben seine Bewußtseinsinstanz erweitert. Damit hat er die Eltern überwachsen, die versuchten, ihn klein zu halten. Er geht quasi dem Orakelspruch entgegen und wagt den Weg zu der numinosen Begegnung mit dem »Geist«.

»Der Vater ließ den Jüngling und seine Tochter vor sich holen. Der Jüngling trat vor ihn, und seine Erlauchtheit durchdrang den Fürsten. Da umarmte er ihn und küßte ihn von Kopf bis Fuß, dann sprach er zu ihm:

›Sage mir, wie es um dich steht, denn sieh, du bist jetzt für mich wie ein Sohn.‹ Er antwortete ihm: ›Ich bin der Sohn eines Offiziers aus Ägyptenland, meine Mutter starb und mein Vater nahm sich eine andere Frau. Sie begann mich zu hassen, und so bin ich vor ihr geflohen.‹ Da gab er ihm seine Tochter zur Frau und gab ihm ein Haus und Äcker wie auch Herden und lauter schöne Sachen. Und viele Tage danach sagte der Jüngling zu seiner Frau: ›Ich bin drei Schicksalen überantwortet, dem Krokodil, der Schlange und dem Hund.‹ Sie sagte darauf zu ihm: ›Dann laß den Hund töten, der dir folgt.‹ Er aber sagte zu ihr: ›Wie töricht! Ich lasse doch meinen Hund nicht töten, den ich selbst aufgezogen habe als er klein war.‹ So begann sie ihren Gatten sorgfältig zu behüten und ließ ihn niemals allein ausgehen.

An demselben Tage aber, da der Knabe aus Ägyptenland gezogen war, um auf die Wanderschaft zu gehen, war ihm das Krokodil seines Schicksals auf dem Fuße gefolgt und lebte nun ihm gegenüber im See in derselben Stadt, in der der junge Mann mit seiner Frau wohnte. In dem See lebte aber auch ein Geist. Und dieser Geist ließ das Krokodil nicht heraus, wie umgekehrt das Krokodil den Geist nicht aus den Augen ließ. Sobald die Sonne aufging, stellten sie sich gegeneinander, und die beiden Wesen kämpften so täglich miteinander, drei volle Monde hindurch. Wie deutlich die archetypischen Engramme auch heute in das moderne Bewußtsein aufsteigen können, zeigt das unbewußte Bild eines Patienten mit einem negativen Mutterkomplex. (Siehe Abb. 10).

Und viele Tage danach feierte der Jüngling einmal einen schönen Tag in seinem Hause. Bei Einbruch der Nacht legte sich der Jüngling auf sein Bett, und der Schlaf bemächtigte sich seiner. Seine Frau füllte eine Schale mit Wein und eine andere Schale mit Bier. Da kam eine Schlange aus ihrem Loch, um den jungen Mann zu beißen. Seine Frau aber saß neben ihm und schlief nicht. Die Schalen lockten die Schlange an, sie trank und wurde berauscht. Dann legte sie sich hin und drehte sich auf den Rücken, und seine Frau hackte sie mit ihrem Beil in Stücke. Dann weckte sie ihren Gatten, küßte ihn und umarmte ihn und sagte zu ihm: ›Sieh, dein Gott hat eines deiner Schicksale in deine Hand gelegt. Ebenso wird er dich auch vor den beiden anderen beschützen.‹ Da opferte er Re, pries ihn und kündete täglich seine Macht.

Und viele Tage danach ging der junge Mann aus und erging sich lustwandelnd in seinem Anwesen. Seine (Frau) indes ging nicht (mit ihm), aber sein Hund lief hinter ihm her. Da nahm sein Hund Stimme an und sprach: ›Ich bin dein Schicksal!‹ Er lief vor ihm davon, erreichte den See und sprang ins Wasser auf der Flucht vor dem Hund. Da faßte ihn das Krokodil und zog ihn dorthin, wo der Geist wohnte, der gerade ausgegangen war. Das Krokodil sagte zu dem jungen Mann: ›Ich bin dein Schicksal, das dir gefolgt ist. Bis jetzt habe ich drei volle Monde hindurch mit dem Geist gekämpft. Sieh, ich werde von dir ablassen, aber dafür sollst du, wenn mein Feind wiederkommt, um zu kämpfen, für mich streiten. Wenn du dich erkenntlich zeigen willst, töte den Geist. Wenn du schon den Hund beachtet hast, beachte erst recht das Krokodil!‹

Als die Erde wieder hell wurde und der nächste Tag begann, da kehrte (der Geist zurück) . . .«

Hier bricht die Handschrift ab[28].

Der Sprung in einen neuen Entwicklungsraum ist es also, der den Schicksalsplan der Hathorinnen aufbiegt und die Mündigkeit der ichhaften Entscheidung protegiert, damit der Schritt in die progressive Entwicklung ermöglicht wird gegen und mit dem Tod.

Die mythologischen Symbolchiffren entsprangen den transzendenten Vorstellungen göttlicher Wirkkräfte, die sich in tier-menschlichen Mischgestalten in den Wahrnehmungsraum des menschlichen Alltags begaben. Sie entsprachen in ihrer Spezifität dem biologischen, psychischen und geistigen Entwicklungszustand des jeweiligen Kulturbereiches.

Um die hintergründige Leitlinie dieses Schicksalsmärchens zu »verstehen«, ist es wichtig, die mythologischen Ideen der ägyptischen Totenkulte und des Jenseitsglaubens als geistigen Hintergrund zu kennen. Die Auseinandersetzung gerade mit dem Tode war bestimmt von der »Gestaltung« des Diesseits-Jenseits-Weges. In diesen Einweihungsraum einer »Ganzheitsvorstellung« vom Leben als un-endlichen Kreislauf menschlich-göttlicher Kommunikation gehören der Totenführer Anubis, »Der mit der Mumienbinde«, »Herr der Totenstadt«, der als schwarzer Gott die Toten in die Unterwelt zum göttlichen Gericht führte, der aber eben auch in der Gestalt des wilden Hundes auf den Friedhöfen Wache hielt. (Siehe Abb. 11). Er ist also der nicht abweisbare Begleiter des Prinzen, der unbewußt um diese Wegchiffren weiß.

In die gleiche uralte Gegensatzthematik von Geburt und Tod von Endlichkeit und Ewigkeit gehört das Bild der Schlange, die in der Vielfalt ihrer Erscheinungsweisen – vom Riesenpython bis zur kleinen äußerst giftigen Natter – besonders geeignet war, Macht und Kraft von Verderben und Heilung zu symbolisieren. »Das Schicksal selbst, ob gut oder böse, nimmt oft die Gestalt einer Schlange an.« Als Personifikation der Krone und als Erscheinungsform des Auges des Sonnengottes, ist sie königliches Insignium des ägyptischen Herrschers.

Und auch das Krokodil wurde von den Ägyptern, »in ihrem Streben nach einem geschlossenen Weltbild« zwischen Mikrokosmos und Makrokosmos, zu einer Gottesinkarnation gemacht: Sobek, der dem Tempel geweiht war und der in dieser Gestalt wie Menschen und Hunde einbalsamiert wurde.

Das Darüber-Hinausweisende im Märchen aber ist »der Geist«, die hinter aller Erscheinung wirkende größere Macht, die Begegnung, die dem Prinzen noch bevorsteht, wenn er die Überwindung der chtonisch-matriarchalen Bedingtheiten seines Lebensauftrages geleistet und damit den luziden transzendentalen Bewußtseinsraum der geistigen Identität männlichen Daseins erobert hat.

DAS »ERKENNE DICH SELBST«

Das Märchen wie der Mythos antizipieren hier eine analytisch-therapeutische Erfahrung: Die Trennung als Ich-Leistung bedarf zunächst der Rücknahme der narzißtisch objektverhafteten psychischen Energien[29] und damit der Konzentration der Libido und der Einengung beziehungsweise Introversion. Es ist eine Form der Selbstbestätigung für das Ich und damit des psychischen Energiezuwachses in der Bewußtseinszentrale. Die Analyse als Selbsterfahrung entspricht als Modellsituation einer solchen Totalkonfrontation mit sich und dem eigenen inneren Kosmos. Das Orakel des Teiresias enthielt als Signal Warnung und als Entwurf Möglichkeit – aber nicht den analytischen Weg der Erfahrung.

In allen Kulturen ist dieser Bereich dem »Einweihungsritus« geweiht und wird streng und klar für Körper und Seele ritualisiert. Ohne besondere Überraschung lesen wir zum Beispiel in der christlichen Dokumentation über die Entwicklung des Jesus von Nazareth, daß der 12jährige in den Tempel zu den *patres* ging, um seinen Einweihungsschritt in den geistigen Raum zu vollziehen; oder – wenn man es von der Sexualpsychologie her betrachten will – um in die Pubertät eingeführt zu werden. Hier beginnt die entscheidende Wandlung des Sohnes, hier die tiefe Trennung, die alle vorherigen, nur der Vorübung dienenden, übersteigt und das Kind tötet, damit der Mann leben darf. Jesus von Nazareth ist ein bereits vom Vater Berufener, während Narzissos noch Dienender im Liebestempel der Großen Göttin und des Eros sein sollte.

Aphrodite selber ist es auch im Mythologem des Narzissos, die den Widerstrebenden an den Quell lockt.

Wieder wählt der Mythos ein symbolisches Bild, dessen finale Bedeutung das Drama des individuellen Lebens transzendiert. Gleichsam an seinen eigenen Ursprung, an die Quelle, an das Wasser, dessem Bereich er entstammt, wird Narzissos zurückgeholt, als würde ein Kreis sich schließen. Es ist der typische Spiralweg, den die Pubertätsfrage: »Wer bin ich eigentlich?« evoziert und meistens der Beginn ist, sich mit der eigenen Biographie zu beschäftigen, zu ahnen, was Zukunft bedeutet.

Bezeichnenderweise ist es »brennender Durst«, der den Sohn aus den

Schutzgefilden der Großen Mutter heraustreibt und den Erkenntnisschritt erzwingt: »Durstig, von der Jagd heimkehrend, beugte er sich über einen klaren Quell, sah darin sein Bild und entbrannte aufs Heftigste in Liebe zu sich selbst.«

Und Ovid beschreibt weiter:

»Während er trinkt, bezaubert vom Bild der gesehenen Schönheit, sieht er ein körperlos Bild und wähnt für Körper, was Quelle, staunt sich selber an und starren Blickes verharrt er unbeweglich, als wär er ein Bild aus parischem Marmor.«

In unfruchtbarem Gram verzehrt er sich nach seinem Ebenbild, »wie einst aus Liebe zu ihm sich die holdeste der Nymphen, Echo, verzehrt hatte, so daß an ihr nichts als die Stimme übrig war.«[22]

Man ist versucht, hier an eine Spiegelübertragung zu denken, wobei der Urkonflikt des Trennungsmysteriums sich konstelliert.[2] Nicht zufällig ist es die Lebensquelle selber, die einen unfruchtbar Gewordenen enthemmt und ihn in die nicht länger aufschiebbare Konfrontation mit der Dynamik des Gegensatzes »Du« hineinführt. Narzissos erlebt hier erst den Urverlust der Einheit[30], wobei er in den passiv leidenden Zustand und damit der Reduktion verfällt, anstatt durch den progressiv-aggressiven Entwicklungsschritt in den Auseinandersetzungsraum von Ich und Du zu gelangen. »Die Trennung ist symbolisch identisch mit Tötung, Opferung, Zerstückelung und Kastrierung.«[31]

Hier ist also die Geburtsstätte des Narzißmus-Begriffes von der Selbstliebe, von der Egozentrizität, von der neurotischen Objektbesessenheit, der zur Tummelstätte der verschiedensten Konzepte und Vorstellungen geworden ist. Der Diskussionsstoff ist dabei im psychoanalytischen Forschungsrahmen nicht die hintergründige Symbolik oder die archaische Struktur des Mythos, sondern die Suche nach einer Klärung der psychischen Instanzen von Ich und Selbst.

Der **gestörte Entwicklungsschritt** der Ichbewußtseins-Instanz aus der Ganzheitsmatrix des Selbst heraus, beziehungsweise die nicht geglückte Überwindung der matriarchalen Bewußtseinsphase zugunsten der patriarchalen Ichbewußtseins-Instanz findet im Narzissosmythos ein eindrucksvolles Bild. Was aber geschah dem Jüngling Narzissos? Welche archetypischen Wirkfelder wurden hier evoziert?

Die Heftigkeit des Ereignisses spricht für eine Komplexentladung, wobei die inflationierende Libido das Ich wie bei einer schweren Faszination total besetzt: »Wie durch eine Zaubermacht gebannt, schaut er ...«[32]

So wie der Bilderreichtum des griechischen Gesamtmythos[33] hinter dem Einzelschicksal des Narzissos auftaucht und seine lebendige, geistige Dynamik sichtbar wird, eröffnet sich aus Symbol, Anamnese und Aktualität der innere psychodynamische Kosmos des Jünglings. Narzissos entdeckt im Wasserspiegel das Abbild seines Körpers. Das offensichtlich zutiefst verdrängte Ur-Engramm, das jedes kleine Kind natürlicherweise entwickelt, wenn es beginnt, seinen Körper zu be-greifen und damit sein Körper-Selbst zu entdecken, wird dabei komplexhaft angestoßen. Hier wird zum Zauberspiegel, was natürliches Ereignis wäre und sprengt alle bisherige Bewußtseinserfahrung.

In diesem Erfahrungsraum setzen alle Therapien an, die das Körperschema animieren wie Bioenergetik, konzentrative Bewegungstherapie, wie viele andere, die sich Körpererlebnis und Körpererfahrung zum Ziel gesetzt haben. Die symbolische Dynamik des aus der Tiefe an die Oberfläche auftauchenden Bildes – im Symbol des Wassers als eine der häufigsten psychischen Chiffren für das Unbewußte[34] – weist in besonders eindrucksvoller Weise auf die Auseinandersetzung zwischen dem Ich und der plötzlichen Begegnung mit dem Unbewußten hin.

Wie bei einem Initialgeschehen[35] bietet sich hier die Möglichkeit an, den bisherigen Entwicklungsfächer zu reflektieren:

Es könnte das Ur-Bild ganzheitlicher Identität sein, das hier auftaucht: einst in der Ur-Geborgenheit des Fruchtwassers im Mutterleib erlebt – und als Ur-Sehnsucht nach Vollständigkeit in der Tiefenschicht der Psyche enthalten, als Eros-Keim aller Liebeswünsche. Gerade der Realitätsverlust im Ich-Verhalten des Narzissos könnte für eine solche maximale Regression sprechen.

Man kann aber auch an die Konfrontation mit dem »Schatten« denken, das heißt mit der bisher unbewußt gebliebenen, oder auch verdrängten Wesensseite, die für Narzissos das Signal enthielt, aus der »Einseitigkeit« seines bisherigen Lebensweges aufzubrechen. Dafür würde unter anderem die starke Emotionalität sprechen, von der Narzissos überfallen wurde, denn: »Eine genauere Untersuchung der den Schatten bildenden Charakterzüge, respektive Minderwertigkeiten ergibt, daß dieselben eine emotionale Natur bzw. eine gewisse Autonomie besitzen und demgemäß von obsedierender oder – besser – possedierender Art sind. Die Emotion nämlich ist keine Tätigkeit, sondern ein Geschehnis, das einem zustößt. Affekte ereignen sich in der Regel an den Stellen geringster Anpassung und offenbaren zugleich den Grund der verminderten Anpassung, nämlich eine gewisse Minderwertigkeit und das Vorhandensein eines gewissen niederen Niveaus der Persönlichkeit.«[36]

Oder belebte sich die unerfüllt gebliebene Vater-Sehnsucht – sein Vater war ja der Fluß- und Quellengott –, die ihn mit der Tiefendimension der Unter-Welt, also der unbewußten Psyche konfrontierte und dem Todesgott, also der Dunkelseite des lichten Sonnengottes nahebrachte?

Seltsam jedenfalls mutet es an, daß – wie man zu damaliger Zeit glaubte – es die dunkle Göttin Hekate ist, die die Narzisse wachsen ließ mit ihrem narkotisch wirkenden und berauschenden Duft. Es war gerade diese Blume, die in Gebräuchen beim Totenkult eine große Rolle spielte – man pflanzte sie auf Gräber oder schmückte die Toten damit. Aber wie im gesamten Narzissos-Mythologem der sich immer wiederholende Gegensatz auftaucht, zeigt es sich, daß es ebenso die Narzisse ist, aus der Liebeskränze geflochten und dem Gott Eros dargebracht wurden.

Nino Erné schreibt über die weiße Narzisse:[37]

»Sie wurde geboren, als Narzissus starb. Da trat der See über die Ufer, und die Nymphen und Tiere des Waldes kamen, um den schönen Knaben zu beweinen, der niemanden geliebt hatte als sich selbst. Wasser und Tränen tränkten den Boden, bis eine weiße Blume daraus emporwuchs.

Wenn man die Narzisse ansieht, möchte man nicht glauben, daß sie nur sich selbst liebt. Es ist allerlei Hingabe in ihr; sie erscheint voll Leidenschaft in aller Zerbrechlichkeit. Kraft und Mut liegen in ihrem Mund, der rund und mit geöffneten Lippen rotschimmernd nach vorne drängt. Man sieht zuerst nur ihn, dann die schneekühle spröde Reinheit der Blätter, die sich vergebens zu sträuben scheinen, zurücksinken, in Falten erstarren. Zerbrechlich und spröde ist auch der lange Stiel, dessen helles Grün bis ins Innere des Blütenkelchs hineinleuchtet. Er beugt sich tief unter dem Gewicht des vorwärtsdrängenden Hauptes, und es wirkt rührend, wie sich dieser allzu schmale Hals mit einem durchsichtigen Spitzenkragen zu schüt-

zen sucht – oder etwa nur zu schmücken?
Man kennt sich in solchen Geschöpfen nie aus, in ihrer Scheu nicht und in ihrer Leidenschaft auch nicht. Man spürt nur eins: daß ihr Wille oder ihr Schicksal oder ihr Gefühl sie weit über ihre Kräfte hinausführen und rasch verzehren.«

Und auch diese Facette ist im Bedeutungsraum des Mythologems enthalten: Es heißt, daß Narzissos eine Zwillingsschwester hatte, ihm spiegelgleich an Schönheit und Liebreiz, von ihm über alles geliebt – die aber starb. Symbolisiert sich hier sein Seelenverlust, der ihn so »kaltsinnig« sein ließ, daß kein Liebeswerben ihn erreichte? Die Vorstellung jedenfalls, daß ihn eine Nixe oder eine Wassernymphe schließlich in die Tiefe zieht, evoziert den Gedanken, daß ihm hier die Ahnung seiner weiblichen Gegenseite auftaucht, die entbunden werden muß aus den dunklen Tiefen matriarchaler Gefangenschaft, damit er, wie Teiresias, sehend wird für das Mysterium conjunctionis.

Es ist ein überraschend breites Angebot, das hier aus dem mythologisch-symbolischen Bildraum zur Deutungs- und Bedeutungsarbeit zur Verfügung gestellt wird. Zu den Anfangschiffren von Vergewaltigung, Schuld und Tod ist als besondere Lebenschiffre diese noch hinzugekommen: Narzissos, ein Vielgeliebter, obwohl er selber ein Nichtliebender war. Damit wird aber eben auch das Thema der Liebe als Konflikt, als Gegensatz, als Problem dem Thema des Triebes beigesellt. Das Eingebettetsein des Triebgeschehens im kultischen Raum, im Ritual und Opfer und damit die Überhöhung oder Transzendierung des animalischen Triebgeschehens beginnt hier konflikthaft auseinanderzubrechen und zwar in dem Maße, in dem sich ein Ich-Bewußtsein dem Unbewußten gegenüber konstelliert. Das matriarchale Bewußtsein erfährt seine Aufbruchssituation durch das immer deutlicher werdende *Sein eines Vatergottes*, gegenüber der mächtigen Muttergottheit. Die Anonymität des Triebgeschehens, die kollektive Normierung in den Fruchtbarkeitskulten beginnt sich aufzulösen mit der Entdeckung des eigenen Wesens, der eigenen Person und damit der *Individualität* oder eben auch *Einmaligkeit*, die das Ich repräsentiert. Der große Vatergott Zeus erprobte und erlitt die Liebe (Abb. 12). Viele Male wiederholte sich seine Faszination, seine Sehnsucht, seine schöpferische Eroberung und die Trennung. Er vollzog, wie das mythologische Lebensbild ausweist, den Auftrag, den der junge Patient, von dem anfangs berichtet wurde, in seinem

Traum erhält: »Ich wandere, ich soll die Frau suchen«.

Jedenfalls ist es bei Narzissos als Symptom vor allem seine Kontaktstörung und – dahinterliegend – seine Liebesunfähigkeit, die primär ihn selber wie aber vor allem auch die Objekte seiner Umwelt betrifft, wobei weder der Vater, noch die Mutter später jemals erwähnt werden. Das Alleinsein und die Einsamkeit ist aber auch eines der typischsten Kennzeichen aller Neurotiker. Man findet in dieser Gruppe ebenso den begabten Sonderling, den genialen Forscher, den Philosophen, den vom Wesen her Introvertierten, auf die Innenwelt Bezogenen, den alleingelassenen Sohn in der Familiengruppe oder den Anpassungsversager schlechthin.

Einer der schwersten Konfliktstoffe in diesem Betrachtungsfeld ist die Unfähigkeit, das Maß zu finden. Hier herrscht das Nie-genug, das Zuviel, das Über- und Untermaß in allen Schattierungen und bestimmt in einem hohen Maß die Phänomenologie der narzißtischen Neurose.

Wo aber liegt der Urkomplex des Maßes, wo der Ausgleich der Gegensätze? Wann findet die Gegensatzvereinigung um des schöpferischen Ereignisses willen im Raum der Liebe statt? Das »Du hast mich nie geliebt« befindet sich latent, aber in dauernder Bereitschaft unter jeder Liebesbegegnung und das: »Du bist schuld« gehört in die Abwehrmechanismen ebenso hinein, wie die Angst vor der Erkenntnis der eigenen Schattenseiten. Immer wieder greift C.G. Jung das Thema der Schattenbearbeitung auf, um immer wieder auf die vergeudeten Energien verfehlter Projektionen hinzuweisen: »Wir müssen immer äußerst vorsichtig sein, um nicht unseren eigenen Schatten allzu schamlos zu projizieren ... Wenn man sich jemanden vorstellt, der taktvoll genug ist, diese Projektionen allesamt zurückzuziehen, dann ergibt sich ein Individuum, das sich seines beträchtlichen Schattens bewußt ist. Ein solcher Mensch hat sich neue Probleme und Konflikte aufgeladen. Er ist sich selbst eine ernste Aufgabe geworden, da er jetzt nicht mehr sagen kann, daß die Anderen dies oder jenes tun, daß sie im Fehler sind, und daß man gegen sie kämpfen muß. Er lebt in dem ›Hause der Selbstbesinnung‹, der inneren Sammlung. Solch ein Mensch weiß, daß, was immer in der Welt verkehrt ist, auch in ihm selber ist, und wenn er nur lernt, mit seinem eigenen Schatten fertig zu werden, dann hat er Wirkliches für die Welt getan.«[38]

Narzissos aber bleibt, unbewußt seiner selbst, im Frühfeld seiner Möglichkeiten fixiert, entwickelt sich einseitig und egozentrisch. Er erleidet das

Schicksal seines mythologischen Abrufs, beziehungsweise die »narzißtische Katastrophe«. Sie ereignet sich allerdings nicht, *weil* er sich selbst tatsächlich liebt, sondern als er *erkennt*, daß er sich selber liebt, beziehungsweise überhaupt lieben kann, aber sich zunächst nicht als sich selbst, sondern als den Fremden, anderen erkennt.

ECHO, DER SPIEGEL DES WORTES –
DAS WEIBLICHE IM MYTHOLOGEM
DES NARZISSOS

Das Mythologem vom Jüngling Narzissos und der ebenfalls besonders schönen und gleichermaßen unglücklichen Baumnymphe Echo nimmt im griechischen Gesamtmythos an sich einen relativ geringen Raum ein und gehört inhaltlich in den Entwicklungsraum der psychokulturellen Auseinandersetzung der matrilinearen und patrilinearen Bewußtseinsentwicklung. Der Mythos ist dabei ein tiefer und für die damalige Bewußtseinsstufe sehr eindrucksvoller Kommentar menschlicher Irrtümer, Fehlhaltungen und moralischer Wertungen. Die Mythen sind ja in einem ganz besonderen Sinn teil-bildhaft und entsprechen damit dem ursprünglichsten seelischen Gestaltelement. Gerade die Gestaltfülle der mythologischen Bilderwelt manifestiert lebendige Seinswirklichkeit und Wirksamkeit[39]. Besonders wesentlich aber erscheint es, daß der Mythos den Temenos für das *Leiden* in jeder menschlichen Situation bereithält. In den mythologischen Chiffren finden sich aber auch die Modalitäten des religiösen Umgangs damit.

Diese mythologischen Chiffren sind als archetypische Engramme von außerordentlicher psychodynamischer Wirksamkeit. Sie bewirken mit ihrer symbolischen Gestaltungskraft die heilenden Wegelemente in der Phänomenologie der unbewußten Aussagen. Heute stellen wir fest, daß jede Störung der primären Dualunion als ein negatives Engramm im Entfaltungsraum des Selbst und der Ich-Entwicklung wirkt und zur pathologischen Komplexbildung führen kann. Dementsprechend bleibt die geistige Optik des Mythologems auch nicht auf den Schicksalsraum des Narzissos allein eingeengt, sondern bezieht, ebenso wie das hohe Götterpaar – die Ureltern Zeus und Hera –, die schicksalsberufene Tochter *Echo* mit ein.

»Die Nymphen machen den Übergang von den Göttern zur Erde, denn sie gehören beiden Gebieten an«[40]. Sie sind also *unbewußte*, der großen Muttergöttin noch sehr nahe zugehörige Frauen: liebenswürdige und verführerische Wesen, die in Bäumen, Büschen und Gewässern zu Hause waren, ähnlich den zauberischen Gestalten, die als Elfen und Feen die Nacht- und Wunschwelt in Europa beleben: vegetativ eingebettet in weibliche

Rhythmen und von naivem Wissen um die Natur, »überall gegenwärtig, wo Widerhall ertönt«.

Echo war im wahrsten Sinne des Wortes eine Nymphomanin, wie man sie heute gar nicht so selten bei den jungen Mädchen beobachten kann: hungrig nach Sexualität, unbezogen, verwirrend, anziehend für den Mann, verführerisch und kalt. Nicht Mann, nicht Partner, sondern Bedürfnisbefriedigung war ihr Lebensinhalt.

So ist auch Echo eine Nymphe: und zwar gerade sie die Nymphe des Widerhalls, die vom »hallfrohen« Pan Geliebte, aber auch vor ihm ewig Fliehende, die die Hirten verlockte und neckte. Sie war als besonders gute »Plauderin« bekannt, also eine Meisterin des Wortes. Sie liebte und bewunderte den Gott-Vater Zeus. Sie versuchte, seine Liebesabenteuer mit zauberischen Reden zu verschleiern und wurde dadurch schuldig.

Die eifersüchtige Gottesmutter Hera beziehungsweise Juno oder Saturnia – oder wie immer eine der »Ehefrauen« mit Namen genannt wurde – nimmt ihr das spielerische Wort und bestimmt sie zum nachahmenden Echo, in dem man den meinungshaften und uneigentlichen »Animus« zu erkennen meint.

In diese variationsreiche Thematik des Wortverlustes oder der Sprechstörung gehört das eindrucksvolle Prozeßbild einer 38jährigen Patientin, das sie während einer depressiven Phase im analytischen Behandlungsverlauf gemalt hatte. Ein zeitweiliges »Verstummen« nach Außen hatte dabei eine besondere Rolle gespielt. (Abb. 13).

Auslösende Ursache für den Beginn der Behandlung war eine schwere Enttäuschung in einer Partnerbeziehung, von der eine eheliche Gemeinsamkeit erwartet worden war, die vom Partner plötzlich und unvorhergesehen ohne ersichtlichen Grund abgebrochen wurde.

Das Bild wird als »Felsenmassiv« beschrieben, das ein Kind umschließt, vielleicht in einen Kreis eingeborgen, der wie ein kosmisches Lichtsymbol – der Mond oder die Sonne – aussieht. Man weiß nicht genau, ob es ein »Geburtsvorgang ist, oder ein Absturz in die Tiefe eines unteren Durchganges«. Es könnte etwas sein, was in die Tageswelt des Bewußtseins gehört. Das scheinbar schlafende Kind wirkt fast embryonal und deutet an sich auf einen Regressionsvorgang zu sehr frühen Erlebnisschichten der Psyche hin. Das Felsmassiv, das den umhegenden Kreis zu wiederholen scheint, spricht für Dauer und Natur wie aber auch für totale Einsamkeit und deutet eventuell auf »Echo« hin. Jede Re-Aktion bleibt zunächst ohne merkbare Emotion, Nachahmung steht an der Stelle von spontaner Eigenart. Das Thema: geliebt zu werden, ohne zu lieben, und zu lieben, ohne wiedergeliebt zu werden, spielte für die Patientin eine wesentliche Rolle in ihrem Leben, wie bei der schönen Nymphe Echo.

Auch das nächste Bild einer 43jährigen Patientin nimmt das Thema des stummen Leidens auf, das in besonderer Weise auf die Wandlungsmöglichkeiten einer Kreuzwegsituation hinweist. (Siehe Abb. 14).

Diese Manifestationen aus dem Unbewußten signalisieren psychodynamisch eine tiefe Regression in die archaisch-mythologischen Tiefenschichten. So ist auch das nächste Bild einer 37jährigen Patientin in einer therapeutischen Regressionsphase entstanden. Es stand in innerem Zusammenhang mit einem Traumbild: »Jemand hat mich ins Wasser gestoßen. Ich glaube, es war meine Mutter. Das Wasser ist ganz grün und durchsichtig. Ich habe Angst, aber ich ertrinke nicht.« (Siehe Abb. 15).

Der Traum initiierte das Bild, auf dessen Rückseite sie folgende Zeilen schrieb:

»Einer geht durch den Raum
der die Schatten nimmt
von gestern –
vom Wolkendurchzug über die Sonne
oder dem verdunkelten Mond –
Einer
den man nicht sieht
aber ein Lächeln bleibt
süß
in den Augen beginnend
unter dem Lid
und den Mund verwandelnd
der Bitteres wußte
Einer geht durch den Raum
der es weiß ...«

Die Todesangst der Patientin – »aber ich ertrinke nicht« – löst sich in der Begegnung gerade mit dem Untergang in die Tiefe, mit dem Aufgeben dessen, was war – »ich glaube, es war meine Mutter« – mit einer Beziehung, die sich verändern muß, auf. Der starke Fisch mit dem »mächtigen«

Auge läßt auch die Tiefe als tragfähiges Element erscheinen und macht den Begegnungs-Weg möglich: Die Geburt aus der Schneckenmuschel, die Spirale, einem der numinosen Symbole des Selbst, der Weg zwischen dem Ich und dem Selbst. Wenn man Gewordenes loslassen kann, gewinnt man immer sich selbst: »Einer geht durch den Raum, der es weiß...«

Die Echo-Thematik symbolisiert sich mit erschütternder Eindringlichkeit im Bild einer jungen Patientin, zu dem ihr selber das Wort vom »stummen Schrei« einfiel. Eine ausgedehnte orale Thematik mit akuten psychisch bedingten Gewichtsverlusten waren zu quälenden Begleitern geworden. (Abb. 16).

Aber es ist eben auch Echo, diese kluge und so ganz auf den Vater-Gott bezogene Jungfrau, die sich in den eigenartigen und für die damalige Gesellschaft schwer verstehbaren Jüngling Narzissos verliebt. Auf die von ihm nicht beantwortete Liebe reagiert Echo mit einer »Magersucht«: »Und sie verzehrt sich vor Gram, bis nichts ihr übrigblieb als die Stimme.« Aber es heißt auch weiter von den Nymphen, daß sie »immer gern und immer schön« und »von der Natur auf ein zwar überaus fernes, doch vorhandenes Ziel gewiesen«[41], liebten.

Es ist nicht allzu schwer, in den so beschriebenen Töchtern der Natur an die immer wieder in der Praxis auftauchenden Magersüchtigen mit den großen sehnsüchtigen Augen und den hohen »Idealen« erinnert zu werden. Immer stehen sie so intensiv *zwischen* dem Vater und der Mutter und können die eine nicht lassen (die Mutter) und den anderen (den Mann beziehungsweise Vater) nicht fassen.

DIE VATER-TOCHTER

Die bei der Magersucht der jungen Mädchen immer vorliegende Vaterthematik ist oft sehr verborgen und enthält fast immer ein rezentes Geheimnis. Inzest, aber auch unbewußte oder bewußte Eheprobleme, moralische Schuldgefühle in Partnerbeziehungen, versäumte Identitäten – sind nur einige Hinweise auf das zu Verschweigende.

Ich erinnere mich an ein 17jähriges Mädchen[42], das ich vor vielen Jahren in einer Universitätsklinik im Norden Deutschlands kennenlernte, wo sie auf der Station für innere Erkrankungen lag. Sie war wegen einer Magersucht zu einer klinischen Behandlung eingewiesen worden. Sie sprach mit niemandem, wendete den Kopf zur Wand, wenn die Visite kam und zeigte sich jedem Zuspruch ablehnend gegenüber. Sie mußte schließlich künstlich ernährt werden, weil der Gewichtsverlust bedrohliche Ausmaße angenommen hatte. Sie selber empfand dies als unverstehbare und auch unannehmbare Kränkung, und an ihrem Zustand änderte sich nichts. Sie schien besessen zu sein von einer abgründigen Abneigung gegen das Leben. Sie war ein großes, zartes Mädchen von einer eigentümlichen, zeitlosen Weiblichkeit, die ihr ganz unbewußt war. Sie strahlte nichts von der blühenden Vitalität eines Teenagers aus, sondern man war bei ihr versucht, poetische Ausdrücke wie »mondhaft« oder »silbrig« zu benutzen.

Sehr häufig erscheint bei den anamnestischen Erhebungen zunächst die Ehe der Eltern nach außen hin intakt. Die Ehefrau hat aber häufig eine Minusposition im Haushalt und dominiert unbewußt, aufgrund ihrer unterdrückten Lebensimpulse, ihre Umwelt durch einen matriarchal-negativ aufgeladenen Komplex. Die eigentlichen Wünsche des männlichen Partners nach Inspiration, schöpferischer Animation, Lebensfülle und -reichtum bleiben dann zwangsläufig unbeantwortet. Sie werden vom Ehemann im äußeren Umfeld gesucht, wobei die Skala der »Objekte« weit gespannt sein kann: Das luxuriöse oder ausgefallene Hobby, die geheime »sexuelle« Partnerin, oder die offiziell vorzeigbare »platonische« Kollegin – aber auch, als unbewußte, langjährige Schienung und ganz nahe im familiären Umfeld: die an Magersucht erkrankte Tochter.

Dies zeigte im oben geschilderten Fall die anamnestische Erhebungsakte, in der wie Leuchtfelder die psychischen Engramme aus der Biographie erhellt wurden: Die junge Patientin war die älteste Tochter eines Ordinarius an der Universität. Seine weit in die Öffentlichkeit reichende Position hatte die Familie, besonders auch die Kinder, sehr früh mit sozialen Verpflichtungen konfrontiert. Der Vater war in jeder Beziehung eine imponierende Erscheinung: groß, sehr gut aussehend, ein Meister des Wortes, umschwärmt von Schülern, besonders aber von Schülerinnen, geachtet und beneidet von Kollegen, wissenschaftlich qualifiziert und erfolgreich.

Die Ehe war vordergründig intakt und galt als ideal.

Die Patientin selber liebte und bewunderte den Vater sehr, sprach viel mit ihm und nahm lebhaften Anteil, besonders auch an seinen wissenschaftlichen Forschungen. Ihre Beziehung zu ihm war sehr leistungsbetont, mit dem kontinuierlichen, aber niemals voll befriedigten Bedürfnis nach Anerkennung, Lob und formendem Zugriff. Anfangs unbewußt, sonnte sie sich in seinem Ruhm, und er entzückte sich an dem bezaubernden Kind, das so »kluge Worte« plauderte, wenn sie mit dem geistigen Erbe des Vaters kokettierte. Sie wurde mehr oder weniger zu seinem Echo. Gerade an dieser Stelle aber versagte jener Vater seiner Tochter gegenüber total. Unfähig, sich auf ihre wirklichen kindlich-mädchenhaften Bedürfnisse einzustellen oder einfühlen zu können, provozierte und protegierte er die rational-intellektuellen Fähigkeiten dieses Kindes, so daß es zwangsläufig zu einer einseitigen Libidoüberladung der extravertiert angelegten Denkfunktion kam und sich eine neurotisch komplexhaft-besetzte und libidoschwache Fühlfunktion entwickelte.

Es ist hier notwendig, auch das mütterliche Wirkfeld einer psychologischen Sicht zu unterziehen. Dafür mögen die sehr eindrucksstarken, anamnestischen Mitteilungen der Patientin selber dienen:

Während sie vom Vater schnell und leicht, begeistert – aber auch enttäuscht und teilweise weinend – berichtete, wurde sie beim Übergang zum Thema Mutter spontan zurückhaltender und suchte nach Ausdruck.

»Meine Mutter ist eine graue Maus, nie möchte ich so werden, wie sie ist. Sie ist immer da, aber sie ist nicht warm. Es gibt keine Lücke, so, als ob nie Luft irgendwo durchdringen könnte – wenn Sie verstehen, was ich damit meine. Ich glaube, daß sie sehr unglücklich ist, sie lacht selten, sie hat immer nur zu tun. Manchmal denke ich, sie weiß überhaupt nicht, wer sie selber ist, und trotzdem ist da irgend etwas – das läßt sich nur schwer sagen – ich weiß auch gar nicht, was es ist – es ist wie ein Geheimnis; so etwas, wie eine Kraft, die man immerzu spürt, die gut ist, wenn man krank ist, die mich oft aber auch ganz fürchterlich aggressiv macht und von der ich doch gräßlich abhängig bin. Früher habe ich das nie gemerkt, aber jetzt...«

In diesem offenbleibenden »Jetzt« lag die eigentliche Ursache ihres jetzigen Zustandes. Wie Echo – und Narzissos – war sie einem »Du« begegnet, einem jungen Mann, bei dem erstmalig die Elternbeziehung aufgebogen werden sollte und das »Ich« sich konfrontiert sah mit einer bisher nicht gesehenen Welt und mit bisher nicht erlebten psychischen Energien.

Die »Vaterbrille« war zerbrochen, und das Mädchen hatte den Schock neuer Wahrheiten, oder doch von Realitäten erlebt. Trieb und Liebe hatten sie in ein unauflösbares Knäuel von Schuld und Verzweiflung gestürzt, dem sie – wie Echo – nur noch mit dem Auflösungsgeschehen der körperlichen Vernichtung begegnen konnte.

Die Patientin lag, wie es üblich war, auf der Stoffwechselabteilung und bedeutete für die klinisch streng organisierte Station ein ausgesprochenes Störfeld. Sie fügte sich einfach nicht in den »Funktionsapparat« und provozierte beim »Personal« Ablehnung, Drohung und Gewaltmaßnahmen.

Mich beunruhigte die hartnäckige Verneinung, die so gar nicht zu dem hübschen und ausgesprochen begabten Mädchen (Klassenbeste) zu passen schien, und ich wendete ihr meine intensive Aufmerksamkeit zu. Ich sprach mit ihr, ohne auf Antwort zu warten, versuchte, ihren Zustand zu ergründen und appellierte auch an ihre Hilfsbereitschaft, mir mit ihrer eigenen Erfahrung zu helfen. Einmal sagte sie in einem nächtlichen Gespräch: »Ich liebe das Leben so heiß, aber ich habe so viel Tod in mir.«

Dieser Gegensatz, den sie erst zu verstehen schien, als sie ihn ausgesprochen hatte, übte eine starke Wirkung auf sie aus. Es war wie ein »Einstieg« in einen Dialog mit dem »Knochenmann«, mit dem kalten Rest, der in der Erde verbleibt und gerade damit die Gültigkeit einer Individualität darzustellen schien. »Man erkennt doch an diesem Rest, was das Leben mit einem gemacht hat und nicht am Vergänglichen, das ist ja einfach nicht mehr, aber wo bleibt mein Echo? Wer hört oder spürt mich, wenn ich ganz für mich einsam bin, oder weine? Ob ein Baby schon weint, wenn es in mir wächst? Was wissen meine Eltern wirklich von mir? Von dem, was so ganz in mir drin ist, noch ohne Worte? Und doch da?«

So phantasierte sie weiter, mit der eigentümlichen Tiefe, die man so oft in den Worten der aufgebrochenen Jugendlichen und Kinder hören kann.

Die tödliche Bedrohung, in die sie sich selber gebracht hatte, in dem sie sich tatsächlich allmählich bis auf die Knochen reduziert hatte, konfrontierte sie offensichtlich nun auch mit dem Trennungsimpuls in das Leben hinein. Trennung von der sie umklammernden und festhaltenden Absage an Dynamik und Rhythmus. Trennung auch aus dem matriarchalen Schutzraum der Klinik, von einem sie unbewußt fixierenden Komplex im Bereich der ödipalen Triade und Trennung von einem »Familien-Ideal«, das ihr als sterile, theologische Fassade den Weg in ein lebendiges, religiöses Leben verstellt hatte. Ich machte ihr den Vorschlag, doch die Worte, die sie nicht sprechen könne oder wolle, einmal aufzuschreiben, in einem *Gespräch mit sich selbst*. Eines Tages überreichte mir das Mädchen ein Tagebuch mit den Worten: »Hier steht alles drin, aber es ist nur für Sie bestimmt, niemand soll es wissen.«

Jeder kennt die große Kraft, die von einem Geheimnis ausgeht, sowohl in positiver als auch in negativer Beziehung. Der Geheimnisverrat ist von jeher ein schweres, meist tödliches Verbrechen gewesen, jeder verliert dann seine Identität. Es ist auch ein besonders eigenartiges Erlebnis, zum Beispiel bei Kindern beobachtbar, wie stark der Besitz oder das alleinige Wissen um ein Geheimnis die Identität stärkt, oder überhaupt erst ermöglicht. Geheimnisse, besonders die der Ich-Ebene, können aber auch außerordentlich belastend sein und die Identität geradezu verhindern. Dies gilt zum Beispiel für Familiensituationen, wobei das banale Beispiel des Bettnässens genauso schwerwiegend wirken kann, wie Alkoholabusus oder Inzestereignisse.

Das Thema taucht in zahllosen Variationen in den Märchen auf und ist das archetypische Geheimnisthema schlechthin – bis zu den freundlichen Geheimnissituationen, in denen man ein Geschenk aussucht und es geheimhält: bis zum Geburtstag, bis Weihnachten – als Ausdruck des geheimen inneren Bezuges zum anderen, den man auf diese Weise besonders erreichen möchte.

Im spezifischen Zusammenhang mit diesem Thema steht das ebenfalls im griechischen Mythos intuierte Mythologem von *Amor und Psyche*[43], in dem das Überschreiten des Verbotes den Entwicklungsweg über viele Leiden in den bewußteren Raum des Ich-Erlebens führte und damit zum bis heute gültigen Modell weiblichen Wandlungsmysteriums wurde. Auch in der Psychotherapie spielt das Thema des individuellen Geheimnisses eine große und wichtige Rolle. Man kann es immer wieder erleben, daß zwischen dem Ich-Bewußtsein und dem Selbst ein Erkenntnisweg besteht, der sich in den Geheimnissen der Symbole verschlüsselt. Natürlich habe ich das Geheimnis des jungen Mädchens sehr ernst genommen und bewahrt. Sie begann bald darauf wieder zu essen und konnte auch nach einiger Zeit aus der Klinik entlassen werden.

Als ich sie nach einigen Jahren wieder traf, war sie eine blühende junge Frau geworden, hatte geheiratet und zeigte mir glücklich ihre beiden reizenden Kinder. Ein Satz ist mir im Gedächtnis geblieben: »Das war damals eine unheimliche Zeit für mich, ich saß wie in einer dunklen Höhle gefangen, fürchtete mich, herauszukommen, fürchtete aber auch, daß jemand herein käme und doch wartete ich, daß jemand käme. So drehte ich mich in meiner Angst ständig im Kreise.«

Dieser junge Mensch beschenkte mich damals mit einem viel tieferen Geheimnis als dem in seinem Tagebuch eingeschlossenen, das ich in den vielen Jahren ärztlichen Tuns nie vergaß: Wer die Seele heilen will, muß den Schlüssel zum *Sinn* eines Geschehens finden.

FACETTEN DER UNBEWUSSTEN MUTTERBINDUNG

Da aber, wo die Tochter von der Mutter unbewußt festgehalten wird und ihre mütterliche Funktion nicht entwickeln kann, kommt es gelegentlich zu einem rätselvollen Erscheinungsbild. Solche Mädchen entwickeln ein eigentümlich schillerndes Wesen, wie zum Beispiel die »Lulu« von F. Wedekind: ein Wesen, das eine große Faszination auf den Mann ausübt. Ohne selber eros-fähig zu sein, erzeugen sie eine fast magische Besessenheit im Mann, aus der er sich oft nicht zu lösen vermag, obwohl er den gefährlichen Sog verspürt. Eine solche Frau lebt in einer tierhaften Bewußtheit, die außerhalb des Moralgesetzes von Gut und Böse steht. Sie wirkt schön und unberührt, naiv und geheimnisvoll, ist aber oft nur »leer« und unentwickelt, weil der ganze Bereich weiblicher Möglichkeiten im Unbewußten unerreichbar verschlüsselt liegt. So ist es aber gerade besonders der geistig tätige Mann, der von der Überfülle und Unruhe seines schöpferischen Chaos umgetrieben, auf diese »Leere« seine eigene Fülle projizieren kann. Die Frau oder das Mädchen aber bleibt in einer ich-bezogenen Sexualität hängen – eben wie Echo – in der der Mann nur als Objekt der Lustbefriedigung eine Rolle spielt und austauschbar ist wie andere Objekte auch.

Aber nicht nur die Hausfrau-Mutter, die in der Abfallbeseitigung des Alltages keine Befriedigung und in der Ein- oder Zweikinder-Welt keine Bestätigung erfährt, macht mit den überschüssigen Energien ihren Arbeitsbereich unbewußt zum Zaubergarten, in dem Männer und Söhne Gefangene sind, ohne es zu wissen und die Töchter Nymphen bleiben, die nur einzelne seelische Funktionen entfalten können[44]. (Abb. 17). Das drastische Bild eines »im Mutterbauch Gefangenen« zeigt die Zeichnung eines jungen Patienten, der in der Nest- und Bauchsituation sich weder zu einer Identität noch zu einer Individualität entwickeln konnte.

Auch die geistig überlegene Frau, die aufgrund ihrer intuitiven Wahrnehmung jedem einen von ihr bestimmten Lebensraum zumißt, kann einen unbewußten Mutterkomplex evozieren. Die unentwegt tätige Mutter, die sich aufreibt für die Familie und diese in einen ständigen moralischen Druck versetzt, gibt keine Geborgenheit und schafft keine Atmosphäre für gesundes Wachsen und Gedeihen der Kinder. Die Folge davon sind viele seelische Störungen oft schon bei sehr jungen Kindern: besonders allgemeine motorische Unruhe, Ängste, nächtliches Schreien, Bettnässen, Nägelkauen und besonders gravierend: die Spielunfähigkeit und die Kontaktstörungen. Aber auch Asthma, Migräne, als Krankheiten der Einengung des persönlichen Lebensraumes und – im späteren Alter – Bluthochdruck, lassen als eigentliche Wurzel sehr oft eine ungelöste Mutterbindung sichtbar werden. Die Schlafstörung als Ausdruck mangelnder Geborgenheit, aber auch die Magersucht, aus unbewußtem Protest gegen das Identitätsgefühl mit einer übermäßig nährenden Mutter, die überall schon ist, wo die Tochter gerade hinwachsen sollte – oder ihr polarer Gegensatz, die Fettsucht als Ausdruck einer grenzenlosen maternen Besessenheit, die alles verschlingen muß bis zur Selbstvernichtung, sind Äußerungen solcher »maternen Neurosen«.

Ein anderes Bild stellen die Kinder da, die in der Pubertät plötzlich in depressive Verstimmungen fallen, weil sie sich dem regressiven mütterlichen Sog nicht entziehen und deshalb dem eigenen Leben nicht begegnen können, oder aber – wie man es besonders bei Knaben beobachtet – die ewig die Schule wechseln, weil man meint, dann ginge es besser; die trotz guter Begabung im Examen durchfallen, deren Lebensimpulse stocken bis zur Impotenz, verwahrlosen zu krimineller Verfehlung oder sexueller Perversion. Sie alle hängen im Netz der gefährlichen Mutterspinne, die sie unbewußt aussaugt und hemmt.

Dagegen wird in einer »Mythe der Hopi«[45] berichtet, daß die »alte Spinnenmutter« den Sonnengott jeden Tag nach seiner Reise eine Prüfung machen läßt. »Wenn er die Prüfung nicht besteht, tötet sie ihn und benutzt seine Knochen zur Herstellung des Spinnennetzes, wenn er jedoch die Prüfung besteht, hilft sie ihm in seinen künftigen Abenteuern.«

Der erzieherische Wert dieser Analogie liegt in der Erkenntnis, daß es gilt – wie in so vielen Märchen und anderen Mythen – den »Heldenkampf« aufzunehmen, das heißt, nicht den unbewußten Energien zu verfallen oder von ihnen überschwemmt und bestimmt zu werden, sondern diesen immens schöpferischen Bereich zu bewältigen und ins Bewußtsein zu entbinden. Die Hexe muß verbrannt (Hänsel und Gretel)[46], der Drache getötet, das Spinnennetz als Kunstwerk erkannt und die magische Wirkung der Elemente durch Bewußtheit überwunden werden.

Diese früh gesetzten unbewußten Abhängigkeiten mit ihrer starken Prägekraft können eine weitreichende Wirkung für das ganze weitere Leben einer Tochter entfalten. Solche Frauen oder Mädchen neigen dazu, sich immer an jemanden oder an etwas, zum Beispiel an eine Idee anlehnen zu wollen, sie leiden häufig an einem Mangel an Selbstbewußtsein, was zu Unsicherheiten und Fehlhandlungen führt. Solche Frauen findet man als blindgläubige Anhängerinnen sowohl im religiösen Bereich, wie aber auch in der Politik oder eben in der Wissenschaft. Voraussetzung ist, daß jemand »sagt« oder »befiehlt«, was zu tun oder zu denken sei. Sie werden gesetzestreu sein bis zur Selbstvernichtung. Dabei sind sie oft überraschend aggressiv, zeigen auch nach außen hin ein forsches, manches Mal betont herbes Wesen, sind aber untergründig depressiv und labil. Durch die Nachahmung geistiger Schemata entsteht eine falsche Geistigkeit, die für eigene Produktion hält, was nur übernommen wurde.

Trotz ihres unbewußten Anlehnungsbedürfnisses an den Stärkeren sind sie meist nicht zu echter Hingabe fähig, da diese ja nur aus einem freien Entschluß heraus möglich ist. Gerade auf dem Vitalsektor bleiben sie oft triebhaft sexuell, sind leicht erschöpfbar, unzufrieden und unfähig, im wahren Sinne zu antworten. Für einen erotisch trägen Mann kann dies unter Umständen bequem sein, bleibt aber außerhalb personeller Bezogenheit und ist letztlich keine Möglichkeit zu bleibenden Kontakten.

Die oft bewußte Abhängigkeit vom Vater bewirkt darüber hinaus die Unfähigkeit, mit einem männlichen Partner überhaupt ins Gespräch zu kommen. Schüchtern und ungelenk reagieren solche Mädchen und Frauen, und es fällt ihnen nichts ein. Sie sind stumm wie Echo, sehnsüchtig wie Echo und erstarrt wie Echo. Voller Neid sehen sie auf die Freundinnen und Kolleginnen, die heiter und unbeschwert mit dem Mann korrespondieren. Aber auch die »Blendung« durch den Vater kann sehr stark sein, sodaß sich bei der Begegnung mit den Altersgenossen immer sein Bild dazwischen schiebt, seine größere Reife die der Altersgenossen herabmindert.

PUBERTÄT – DIE SCHWELLE DER ELTERN-ENTBINDUNG

Die Pubertät ist eine der großen natürlichen Entwicklungsschwellen, die – oft ausgesprochen krisenhaft – von jedem Jugendlichen durchlaufen werden müssen. Hier wird quasi eine »Leistung« erwartet, die den ganzen jungen Menschen erfaßt und ein körperlich-seelisches Wandlungsgeschehen einschließt. Wenn diese natürlichen Entwicklungsschritte gehemmt oder verhindert werden, entstehen somatische, beziehungsweise das breit gefächerte Bild der neurotischen Symptome. In diese Zeit aber gehören auch alle Bilder von »heldenhaftem Gebaren«, in negativer oder positiver Form: der Sieger, der Rebell oder Terrorist, der Feind mit dem Mut, dagegen sein zu können, der Freund, der sich »zerstückeln« läßt für sein Idol, der Ideenreichtum, Illusion und Aggression, Leidenschaft und tiefste Trauer. Es ist die Zeit der absoluten Extreme. Kompromißlosigkeit, Wagnis der Unwissenheit und der Polypotenz – ein Prozeß der mehrere Jahre dauert, schmerz- und leidvoll, aber auch »himmelhochjauchzend«. Die Welt wird neu geschaffen und alles ist »zum ersten Mal«. Körper und Seele sind von neuem Geist erfüllt und verändern die Erlebnisweisen aller Empfindungen, der Gefühle und Gedanken. Gilgamesch und Enkidu, Osiris und Seth, Faust, Hamlet oder eben Narzissos – sie alle sind Schwellen-Kinder einer Renaissance und symbolisieren den Auf- und Ausbruch mächtiger psychischer Energien in ein Wandlungsgeschehen.

Sowohl Echo wie Narzissos – aber auch der junge Mann, von dem anfangs gesprochen wurde und das junge Mädchen – machen eine Lebenserfahrung, die sie über die unbewußte Triebbetonung im Beziehungsfeld hinausführt und mit einer neuen Seins- und Bewußtseinsebene konfrontiert. Die im sexuellen Beziehungsfeld erfahrene und frei vagabundierende Echo stirbt, als sie zum ersten Mal wahrhaftig liebt. Nunmehr lag für sie die Beziehung mehr auf dem *Miteinander-Sein* und nicht mehr allein auf der Erfüllung sexueller Bedürfnisse. Narzissos, der die besitzergreifende Gebärde der matriarchalen Wesensseite des Weibes und die orale Betonung ihrer Sexualität fürchtete, wehrt sie heftig ab: »Hinweg die umschlingenden Hände, lieber den Tod als Dir mich zu schenken begehr ich!«[47] Er erfährt seinerseits die einbrechende Gewalt seiner Triebimpulse und scheitert an der Unfähigkeit, sie zu integrieren.

Von diesen archaisch-mythologischen Strukturen her ist es gut zu verstehen, daß – wie man auch heute in der Praxis immer wieder beobachten kann – die Begegnung mit der Komplexität des Triebgeschehens, sowie die Konflikte und Komplikationen der Partnerbeziehung ganz allgemein, als Auslösefaktor für eine energetische Aufladung eines latenten pathologischen Früh-Engramms wirken können. So zeigt sich zum Beispiel gerade bei der sogenannten Pubertätsmagersucht besonders deutlich und häufig, daß sich ein Versagungserlebnis, mit einer mehr oder weniger unbewußten sexuellen Facette am Beginn der Symptomatik, ereignet hat. Auf dem Boden einer gestörten Urbeziehung (z. B. ein unerwünschtes Kind), einer oralen Fixierung (das umfängliche Thema der Urschuld), oder einer nicht gelungenen ödipalen Auseinandersetzung tritt dann die Entwicklungs*lähmung* auf, die meistens in eine »symptomatische Regression« übergeht. Die Angst vor dem Erkenntnisschritt in die eigene Identität, die Scham vor der Entdeckung urtümlicher, körperlicher Bedürfnisse protegiert eine erhebliche Fluchttendenz in früheste symbiotische Erlebnisformen und aktiviert schwerste Verlustängste. Die Folge: Regression in den »Mutterschoß« auf Kosten des Ich-Bewußtseins mit allen dazugehörenden suizidalen Tendenzen und dem damit drohenden Ich-Mord. (Siehe Abb. 18 u. 19). Die beiden naiven Bilder eines jungen Mannes mit einer besonders schweren neurotischen Depression und Sexualneurose vermitteln bei aller Primitivität der Darstellung einen Eindruck von der energetischen Kraft der dissoziierten psychischen Energien und der Angst, die das Ich-Bewußtsein davor erlebt.

Wie soll Narzissos zum Beispiel nicht Angst haben vor der Sexualität, da gerade sein Vater gewaltsam eingebrochen und für das »Verbrechen« der sexuellen Vergewaltigung mit dem Tode bestraft wurde.

Bis zum heutigen Tage wirkt das dunkle Bild aus den urtümlichen Strukturbereichen und Früh-Engrammen der Innenpsyche angsterregend – besitzergreifend und hemmend. Es diminuiert die schöpferische und gestalterische, aber auch gar nicht so selten die sexuelle Potenz des Mannes, ängstigt, verunsichert und behindert. Der Kränkungsfaktor sexuellen Versagens erfährt von diesen Strukturen her einfühlbare Dimensionen, aber auch der generell gültige Aufwertungscharakter sexueller Leistungsfähigkeit wird in seiner bestätigenden Kraft verstehbar. Die Sexualität aber vermittelt eben keine Ich-Identität, sondern kollektive Trieb-Identität. Witz, Anekdotenbereich und der Volksmund benutzen von jeher Vergleichsverbalisierungen und bringen diese mit oft drastischen Ausdrücken aus dem animalischen Bereich ins Wort.

»Die *Sexualität* befähigt den Menschen zu einer Dynamik, die sein ganzes Wesen durchströmt und kann durch den Zeugungsakt das geheimnisvolle Phänomen des Lebens selbst als seelisches Erlebnis aufleuchten lassen. Die *Erotik* umfaßt darüber hinaus zum physischen Geschlechtsleben den geistig-seelischen Bereich und vermag die Spannung der Dualität in das Erlebnis ursprünglicher Einheit aufzulösen. Eros sprengt nicht nur den begrenzten Bereich der Sexualorgane, in dem er physisch den ganzen Körper einbeziehen kann, Eros vermag auch in sublimer Weise zu künstlerisch-schöpferischen Erlebnissen und Werken zu inspirieren«[42].

GEBURT AUS DEM TOD* – GEISTIGE IDENTITÄT

Auch Narzissos blieb allein in der auswegslosen Not einer Schwellensituation, bei der niemand zur rechtzeitigen Bewußtseinserweiterung und damit zur Entbindung der im Komplex fixierten Libido verhalf. Es erging ihm wie jedem heutigen »Narziß«, der mit seiner latenten Neurose unvorhergesehen dem »Zufall« begegnet – seinem Spiegelbild – und sein Ich-Bewußtsein mit den plötzlich einströmenden Energien inflationiert erleben muß. Narzissos hatte, eingebettet in seinen historischen Kulturkanon, eine relative Bewußtseinsentwicklung erlebt, die seine Orientierungs- und Einstellungsfunktionen im Ich-Bewußtsein in einem seinem Umfeld entsprechenden Maße zu einer Differenzierung zugelassen hatten. Es ist zu vermuten, daß er in einem natürlichen Bereich der Wahrnehmung sich bewegen konnte – er wird ja als Jäger geschildert –, wobei der Bezug zur animalischen und vegetativen Umwelt in der Natur seine Objekterfahrung darstellte.

Die abstraktions- und erkenntnisfähige Orientierung von Fühlen und Denken dagegen blieb wohl erheblich undifferenziert und vermutlich teilweise sogar verdrängt, beziehungsweise durch den Orakelspruch des Teiresias gebannt. Der inflationistische Einbruch der bisher ungelebten Triebimpulse, gekoppelt mit der Fühlfunktion, überwältigte das infantil gebliebene und neurotisch eingeengte Ich-Bewußtsein des Narzissos und verschlang es dann in den Regressionsraum magischer Besessenheit. Das ihm selber Zugehörige wurde auf ein Phantomobjekt projiziert, die urteilende Fähigkeit verschwamm im Grenzbereich von bewußt und unbewußt – an der Wasseroberfläche, in »jenem dunklen Spiegel«[48] –, und es entstand das Bild eines akuten psychotischen Zustands: »Einer Neuheit des Wahnsinns...« wie es bei Ovid beschrieben wird.

Man spürt etwas von der Kraft dieser Besessenheit, die durchaus den neurotischen Mechanismen entspricht und in ihrer Hartnäckigkeit und zeitraubenden Auflösungsphase so viel Geduld und Durchhaltevermögen von Patient und Therapeut verlangt. Es ist aber auch zu erkennen, daß diese

*(siehe hierzu Teil II Tr. vom Tod S. 149)

Frühschädigung das schwere Frustrations-Engramm des »Nie genug« enthält, das sich wie ein geheimer »Mehltau« über jede Lebensfacette legt und immer mit einer Form des »Zu viel« kompensiert wird. Liebe, Freude, Trauer und Schmerz geraten unter dem unbewußten Motivator ebenso zum Unmaß, wie Arbeit oder Tun überhaupt.

Vordergründig wird nicht der göttliche Vater zum Helfer und Retter des Sohnes. Nicht auch die klug beratene Mutter, die die Not zwar sieht und darunter leidet, dem Sohn aber nicht den Weg in die eigene Identität zu zeigen vermag und auch nicht Echo, die ihn liebt, ohne ihn wirklich zu erreichen. Niemand vermag die Liebesbesessenheit und die Projektion auf das Spiegelbild aufzulösen, um eine heilsame Integration zu bewirken, so daß das Orakel des Teiresias und der Fluch des von Narzissos Verschmähten nunmehr in Erfüllung gehen: »Möge er selber so lieben, so nie das Geliebte besitzen!« (Ovid)

Das Wort des Teiresias war um so erstaunlicher, als über dem Tempeleingang zu Delphi der Spruch steht: »Erkenne Dich selbst«, oder »erkenne Dich«, oder vielleicht auch »erkenne Dich in Dir selbst!« Das würde bedeuten, daß die Selbstsuche und die Selbstfindung eigentlich im Zusammenhang stand mit der Religion und dem religiösen Kult. Die psychische Entwicklung, die sich im griechischen Gesamtmythos widerspiegelt, zeigte eine parallel verlaufende Entwicklung zum ägyptischen Mythos im Sinne einer sich immer mehr durchsetzenden Linie der patriarchalen Mächtigkeiten oder besser der Differenzierung des patriarchalen Bewußtseins. Dabei kamen die einzelnen Facetten männlicher Verhaltensweisen, männlichen Erlebens und schöpferisch-männlicher Möglichkeiten ebenso zur Darstellung, wie Grausamkeiten, Ungerechtigkeiten, Rachsucht, Eifersucht, Machtstreben, Mord und Totschlag. Väter töteten ihre Söhne, Söhne ihre Mütter oder ihre Väter, und Götter töteten, vergewaltigten, begingen Ehebruch und kümmerten sich nicht um ihre Kinder. Genau das aber sind eben menschliche Verhaltensweisen, die von Anbeginn an praktiziert und bis zum heutigen Tage immer wieder vollzogen werden. Töten war ritualisiert und vollzog sich ebenso beim Königsmord wie bei den Fruchtbarkeitsriten.

Das Schicksal des Narzissos war in diesem Entwicklungsraum alltäglich und kollektiv. Auch Hyazinthos, der schöne Jünglingsgeliebte des Apoll, wird versehentlich von ihm getötet und in die Blume seines Namens verwandelt. Das Opfer eines zu Ende gehenden Lebenszustandes wird hier als

Hingabe eines Besitzes, als Verlust, als regressive Verwandlung – zum Beispiel auch in ein Tier – oder eben als Scheintod in die Wegdynamik bei allmählicher Bewußtseinserweiterung gefordert. Zeus entging dem Kronidenfluch und veränderte damit das Schicksal der Götter. Aber erst sehr langsam verändert sich das Bewußtsein, stufenweise muß es um seine neu erworbenen Plateaus ringen und sie immer wieder neu verteidigen gegen das Übergewicht der unbewußten Energien.

Narzissos war der Sohn, der in der Endphase des Matriarchats zu ahnen begann, daß die Aufgabe des Mannes nicht allein darin bestehen kann, Sohn, Liebhaber und Befruchter der Mutter zu sein. Er war also mit Sicherheit *damals* weniger ein Muttergeschädigter als ein Vatergeschädigter, da auch dieser an der Schwellensituation zwischen Matriarchat und Patriarchat einem Terrorschicksal erlag. Narzissos erlebte im Vatergott einen Verräter, da dieser offensichtlich selbst das tat, wofür er den Flußgott Kephissos mit dem Tode bestrafte.

Bei den Theorien über den Narzißmus wird man immer nachdenken über das Wort: »cherchez la femme«, wobei die Tiefenpsychologen eigentlich immer nur, oder doch sehr oft, an die schuldige Mutter denken. Es ist aber auch außerordentlich wichtig, einmal an »cherchez l'homme« zu denken und den Vater im Wirkfeld der Früh-Engramme zu suchen. Die Väter sind seit langem schon aus der Anonymität und Kollektivität ihrer Befruchtungssituation aufgebrochen. Sie haben sich als Patriarchen versucht, haben als Helden Erde mit Menschenblut getränkt – man könnte meinen, als weiteren Vollzug des Opfers an die Mutter Erde oder an die Todesmutter –, und sie haben die Welt mit einem technischen Kosmos beglückt, der sich allerdings als stärkster Feind des Bios und damit der *Magna Dea* erweist. Manchmal könnte man meinen, daß die Angst vor der Frau beim Manne darin besteht, daß sie in der Lage ist, Söhne und damit die archetypischen Mörder des Vaters zu gebären. Aber die Männer haben dennoch Söhne gezeugt, um ihren irdischen Besitz in der Nachfolge zu sichern und Töchter aufwachsen lassen, um sie eifersüchtig jedem Partner zu mißgönnen.

Narzißmus also die Krankheit des Mannes, den kein Vater in die Welt führt? Der einen Sohn wachsen läßt, der nach wie vor Angst hat vor dem Alleinsein des Ich, Angst vor der Freiheit, aber eben auch großen Verantwortung – und das heißt: Antwort geben und bekommen können, von Welt-außen und Welt-innen. Ein Sohn, der, weil keine mächtige Vaterhand ihn den Entbindungsschritt gehen läßt, immer wieder in der Un- oder Halbbewußtheit eines matriarchalen Bewußtseins in der Nähe des ewig dunklen nährenden rhythmischen Arbeitsbereiches der Urmutter verharrt? Es sind die Söhne, die nicht opferfähig sind, weil sie den Einweihungsschritt in das Trennungsmysterium nicht vollziehen können, nicht den Tod transzendieren und das Leid akzeptieren wollen, sondern im neurotisch-negativen »Paradies« im Symptom und der Ich-Enge neuen Göttern opfern.

Narzissos erlebt nicht nur erstmalig ganz sich selbst, sondern auch – wie aus allen Überlieferungen deutlich wird – ein Geschlechtsgefühl. Der Sohn, der viel zu wenig Anteil am Vater hatte, konnte gerade das nicht realisieren, was alle, die ihn liebten, von ihm forderten: sexuelle Potenz und Liebeszuwendung. Der »böse Vater« bot von Beginn an keine Möglichkeit zur Identifikation und war durch die Todesstrafe, die an ihm vollzogen wurde, außerdem in spezifischer Weise diffamiert. Narzissos stirbt »trunken von der eigenen Schönheit«. Aber nachdem er in die Tiefe gesunken ist, sieht er sich weiter in der dunklen Flut des Styx. Die Flut nimmt ihn auf und »führt ihn in die kaum mehr faßbare Ferne eines ersten Werdens und in seiner grenzenlosen Weite zeigt sich der ungeformte Anfang, der erste Gegensatz...«[49]

Narzissos kehrt zurück in die große Unbewußtheit des Uranfangs. Es ist von der Gesamtdynamik her eine sehr tiefe Regression. Hier wird zwar bei Übersetzung des mythologischen Bildes in den psychodynamischen Bereich die Angstschwellensituation der biografischen Fixierung überschritten. Es erfolgt der Schritt in den *Temenos* oder den Empfangsraum einer neuen geistigen Schwangerschaft – im Erdschoß, als symbolische Chiffre verbildlicht – aber der Progressionsschritt in ein neues, männliches Ich-Bewußtsein wird im Mythologem von Narzissos noch nicht dargestellt. Warum aber wirkte die Begegnung mit sich selbst für Narzissos so tödlich?

SELBSTWERT-PROBLEMATIK

Warum muß der Einbruch des starken, gefühlshaften Erlebens alles Realitätsbewußtsein löschen? Wie steht es denn überhaupt mit den Söhnen im griechischen Mythos und den Söhnen in der Menschheitsgeschichte? Dädalus verbrennt mit den vom Vater erbetenen Sonnenpferden – und der Vater verhindert es nicht. Ikarus stürzt ins Meer, da er der Sonne – dem Bewußtsein – zu nahe kommt. Ödipus muß sein Mörder- und Todesschicksal vollziehen. Sind es nicht alles Söhne, die den Vater suchen, weil sie ihn *nicht* hatten zur Identitätsfindung, die wiedergeboren werden müssen aus »Wasser und Geist«? Auch Zeus war ein verheimlichter Sohn, den ein vom Orakel geblendeter Vater fressen wollte, der sein Leben seiner Mutter verdankte, die ihn heimlich aufzog und ihm den Vatermord befahl. Und ist es nicht sonderbar, daß ausgerechnet der ewig seinen Weg suchende Zeus mit den vielen Anima-Abenteuern und Vergewaltigungen in seiner Lebens-Anamnese seine *Schattenseite* auf den Vater des Narzissos projiziert und ihn *unter* die Erde schmettert, weil dieser so sichtbar tat, was er selber so oft in seinen vielfachen Verwandlungen sich ereignen ließ?

Die Söhne sind über viele Mythologeme hinweg – und das heißt Jahrtausende von Menschheitsentwicklung – immer die Beauftragten der Mütter gewesen oder Gehaßte und Bestrafte der Väter. Aus dem griechischen Mythos entwickelt sich unser eigener Mythos, die christliche Vater-Sohn-Religion, in der der Sohn vom Vater geliebt wird. Aber ist es in der Lebensrealität der unter diesem Mythos Lebenden tatsächlich so geworden? Findet der Sohn heute seine männliche Identität unter der Protektion des Vaters? Findet er aus den Beauftragungen durch die Mutter tatsächlich zu sich selbst? Konstelliert sich für ihn der geistige Raum durch die geistige Totalität des »Heiligen Geistes« oder ist an die Stelle des Rituals mit dem darin verborgenen geistigen Inhalt das Gesetz getreten oder eine Institution mit Verbot und Gebot und linear einseitiger Strukturierung? Und dennoch heißt es parallel zum Orakelwort von Delphi im christlichen Mythos: »Ich bin der Weg« – und: »Liebe deinen Nächsten wie dich selbst.« Das Orakelwort für Narzissos stand gegen den Erkenntnisimpuls des Mannes, sich in den ganzheitlichen Zustand zu versetzen, der dem Gott eignet, der alles in sich weiß, warnte vor dem Entwicklungsschritt – dem Schritt aus der matriarchalen Abhängigkeit unbewußter Triebmotivationen, warnte vor dem Ziel der Lebensidentität, sich selber zu wissen. Die symbolische Bedeutung des Sterbe- und Todesereignisses wird hier im Mythos deutlich als Übergang zu einem neuen Anfang und entspricht damit dem geistig-religiösen Weltbild des frühgriechischen Menschen, der im Mythos die Geburt aus dem Tode intuierte.

Narzissos war ein Kind seiner Zeit – und so sind es auch heute die Kinder, die soviel leichter, schneller und spielerisch im Regressionsraum den Anschluß an die heilenden Kräfte der Tiefe finden und sie entbinden lernen in ein wachstumsträchtiges, entwicklungsfähiges potentielles Ich. Der erwachsene Neurotiker dagegen ist in einem mächtigen kollektiven Bewußtsein gefangen, das bereits selber weitgehend neurotisch entartet ist in Gesetz und Institution und die schöpferische Fülle und Götterfreiheiten weitgehend aufgegeben hat. Ein Ich also, das durch ein so bestimmtes kollektives Bewußtsein oder auch als Über-Ich zu bezeichnende Instanz bestimmt und reglementiert wird, hat es sehr viel schwerer, die Entwicklungsbarrieren nach rückwärts regressiv zu durchstoßen, um wieder Anschluß zu finden an all den Reichtum, der im kollektiven Unbewußten, im Urbildraum der Menschheitsentwicklung, in den Tiefenbereichen des Selbst unverändert und unerschöpfbar seine Heilkräfte anbietet. Die Forderung der Umwelt heißt Anpassung und damit leider auch sehr oft Verzicht auf die Individualität. Und die Ich-Entscheidung zwischen eigenem Bedürfnis und Anpassung an das Kollektiv ist außerordentlich schwer.

Bei Narzissos handelte es sich ganz offensichtlich um eine *Aufbruchspersönlichkeit* mit einer deutlich entwickelten Bewußtseinsebene und einer, wenn auch spezifisch einseitig geäußerten Willensinstanz, deren Libido in der Abwehr von Kontaktwünschen kulminierte. Er lebte bewußt in seiner Umwelt, zeigte da eindeutige Aktivitäten, wenngleich auch nur weniges überliefert wurde, um chiffrenhaft anzudeuten, was sein Leben bestimmte.

Im unmittelbaren Dialog mit dem Menschen, besonders auch im Beziehungsfeld zum Patienten, entsteht immer wieder der Eindruck, daß jene zwei religiösen Signaturen einen Brückenschlag darstellen zwischen diesen beiden großen Kulturbereichen. Die *Selbstwertproblematik* stellt ein zentrales Problem des modernen Menschen dar. Immer wieder aber kann man gerade auch in diesem Dialog mit den aus der Tiefe auftauchenden Bildern erfahren, daß gerade die archaisch-mythologischen Signale der Selbstfindung als Schrittmacher dienen.

Als Beispiel möge hierzu das Prozeßbild eines jungen Mannes dienen, der wegen einer schweren Arbeitsstörung und, wie er selber zum Ausdruck brachte, Selbstwertproblematik in den therapeutischen Entwicklungsprozeß eintrat (Abb. 20). Das Bild zeigt das Segelboot des Unterwegsseins auf dem Meer, den Brunnen, das in die Tiefe-Tauchen oder -Sehen und das Erkennen des eigenen Gesichtes. Dabei nimmt das Boot fast den gesamten Hintergrund des Bildes ein mit einer, wie die Fahne am Mast anzeigt, Windrichtung nach rechts. Es handelt sich um ein, wie der Patient selber sagte: »... nebenbei, ohne Nachdenken, eigentlich gar nicht bewußt, nur so dahingekritzeltes Bild«, von intensiver Aussagekraft.

Der junge Mann quälte sich mit einer schwerwiegenden Thematik voller Skrupel, Minderwertigkeitsgefühlen, Potenz- und Kontaktängsten, die ihn in seiner schöpferischen Lebensentfaltung erheblich einengten. Seine rationale Einstellung gegen sich selbst fand immer nur abwertende Kritik für sich und kritiklose Bewunderung für andere. Er war immer »gekränkt«, und sein Vegetativum reagierte mit kontinuierlicher Kränklichkeit. Dieses Bild war aus einer tiefen Regressionsphase aufgestiegen. Das sehr lang dimensionierte Segelboot füllt fast die ganze Horizontebene. Es ist unterwegs nach rechts, wie die schmale Fahne am Mast anzeigt. Die Signalwirkung für den Patienten selber war: »Das ist ein gutes Boot, schnell und sicher!« Und dann die sonderbar irrational anmutenden Worte: »Wie weit das nach rückwärts reicht, weiß ich nicht.« Das Gebilde im Vordergrund soll ein Brunnen sein. »Der da hat hineingeschaut und hat sich etwas herausgeschaut. Und da hat ihn das Entsetzen gepackt. Er ist nur noch eine Maske und in seinen Augen sitzt seine ganze Not.« Der Patient ist ganz erschüttert von dem hilflosen und wie von Trauer erstarrten Gesicht. »Die Augen«, sagte er mehrmals verwirrt. »Ich glaube, die sehen gar nichts mehr draußen. Und aus dem Brunnen taucht einer auf mit einer Vogelkappe. Der sitzt wie in einem Ei.«

Die biographischen Assoziationen des Patienten hatten ein Frühtrauma ergeben, von dem der Patient vor Beginn seiner Selbstanalyse nichts wußte. Als die Mutter mit ihm im dritten Monat schwanger war, hatte sie einen Militärzug benutzen müssen (am Anfang des Krieges). Alles ging sehr hektisch zu, und niemand nahm Rücksicht auf den anderen. Da schlug ihr ein Soldat – absichtlich oder unabsichtlich – mit dem Gewehrkolben heftig gegen den Leib. Vom Schmerz geschockt und zutiefst erschrocken glaubte die Mutter, daß sie das Kind verlieren oder zumindest ein verletztes Kind zur Welt bringen würde. Eigentümlicherweise existierte trotz vieler Kinderbilder keine einzige Photographie von dem Patienten, auf dem er heiter oder zufrieden aussah. Schon im Arm der Mutter sah er eher ängstlich und unglücklich aus. »Ich bin also eigentlich schon im Ei alt geworden, und bis heute habe ich die Angst vor dem eigentlichen Leben nicht überwunden.« Bei der Frage nach dem finalen Sinn des inneren Bildes entdeckte er plötzlich das »Auge am linken Segel am Mast«, das ihm bis dahin noch gar nicht ins Blickfeld gekommen war. Es schien ihn ausgesprochen zu freuen: »Das sieht ganz anders in die Gegend, das sieht überhaupt erst richtig, das ist das eine Auge, was alles sieht«, fuhr er ganz begeistert in seinen Amplifikationen fort. »Und jetzt verstehe ich auch den Vogel auf dem Boot. Den fand ich so besonders verrückt mit seinen vielen Flügeln und Beinen. Auch der hat ein schönes Auge, und er ist frei, in der Luft und auf der Erde. Er kann sein, wo er will.«

Die unbewußte Antizipation zukünftiger Aussichten mit der Entbindungsmöglichkeit der in der Tiefe festgehaltenen schöpferischen Energien wirkten bei dem Patienten gerade durch die Irrationalität der Inhalte ungewöhnlich befreiend auf seine rationale Eingeengtheit. Und da es sein eigenes Bild war und kein Fremdangebot, konnte er es auch als einen inneren Wahrheitsgehalt annehmen, ohne irgendwo etwas abzuschneiden.

Die eigentümlich zentral wirkende Bedeutung des Auges, die ihm selber zunächst gar nicht so aufgefallen war, läßt die intensive Auseinandersetzung zwischen dem Ich-Bewußtsein und den unbewußten Energiefeldern deutlich werden. Das Auge wirkt gelegentlich wie ein Schutzmandala bei besonders tiefen Einstiegen in das kollektive Unbewußte beziehungsweise bei der Annäherung an besonders stark geladene Komplexe, da es unter anderem ein dynamisches Symbol des Bewußtseins oder des bewußten Erkennens darstellt.

Für diesen Patienten bedeutete allein die Entdeckung, daß etwas in ihm in der Lage war, in die Tiefe zu tauchen, und daß aus diesem dynamischen Ereignis etwas auftauchte, was sichtbar und vergleichbar war und was in seinem symbolischen Sinn ungeahnte, aber nachvollziehbare Inhalte offenbarte, ein Evidenzerlebnis von Wirklichkeit. Er begann zu ahnen, daß er dieses alles tatsächlich *selber* war, und allmählich spürte er, wie unnötig sich mit seinen Projektionen auf Außenobjekte minderte und verschwendete.

DER GEFANGENE

Das Bild eines anderen, 28jährigen Patienten mit schwerster Angstsymptomatik, aggressiver Stauung mit bedrohlichen Durchbrüchen, akuter Suizidgefährdung, allgemeiner vegetativer Stigmatisierung mit Schlaf- und Potenzstörung, Schweiß, Zittern und Unruhe, läßt ebenfalls erkennen, wie intensiv die psychische Wirkung dieser aus dem Unbewußten auftauchenden Signaturen sein kann. (Abb. 21).

Zum Familiengefüge: Die Eltern heirateten, als sie beide Mitte dreißig waren »auf Befehl der beiden Großfamilien«; ländliches Milieu mit Bauernhöfen, die Mutter herrschte mit absoluter Dominanz: »Mein Vater hatte nie etwas zu sagen, es war so, als wäre er gar nicht da.«

Sein »Zustandsbild« zeigt ein Gefängnis mit kleinstem Raum, das aber bei der maximalen Bedrohung aus der gesamten Umwelt, die sich in den blauen Pfeilen ausdrückt, eher wie ein Schutz anmutet. Außerhalb des Gefängnisses steht eine große Frau mit »Hammerhänden«, deren Geste nicht mit Sicherheit zu deuten ist. Kommentar des Patienten: »Wenn ich da rauskomme, ende ich bei meiner Mutter, und die bringt mich um.« Drastischer kann die totale Fixierung im matriarchalen Bereich kaum zur Darstellung gebracht werden. Wieder wird man an den Traum des jungen Mannes erinnert, in dem es heißt: Du sollst die Frau suchen. Man wird auch an das Hänsel-und-Gretel-Märchen erinnert – der Patient kannte das Märchen übrigens nicht –, bei dem es die Gretel-Anima ist, die mit Mut und Witz den im matriarchalen Hexenbereich mit der großen oralen Verführung festgehaltenen Hänsel erlöst. Wie ein späteres Bild des Patienten zeigt, konnte er Teilaspekte seiner Anima-Funktion auf seine Ehefrau projizieren. (Abb. 22).

Wenn man an die eigentümliche Symptomstarre der Patienten denkt, die auf dem Boden einer Frühstörung eine Neurose entwickeln und erst »mit Hilfe einer Symptomatik« in ein Behandlungsfeld vordringen können, in dem sich solche eingefahrenen Lebenshaltungen oder Verhaltensweisen ändern lassen, dann ist es besonders interessant, daß die Wirkung der aus Persien stammenden Narzisse mit den Begriffen »starr« und »gelähmt werden« gleichgesetzt wurde. Auch die Wörter »narkotisch« und »Narkose«

entwickelten sich aus diesem Wortstamm und seiner Bedeutung. Wie eine Lähmung mutet das: »Ich kann nicht, ich bin nichts, ich werde nichts, ich darf nicht, es lohnt sich ja doch nicht« des Frühgestörten an, und wie ein durch irgendeine Droge bewirkter Rauschzustand – berauschender Duft der Narzisse – hören sich die Aussagen von Narzissos-Söhnen an, in denen die Übertreibung sich in den kühnsten Superlativen über sich selbst äußert[50].

VATER UND SOHN

»Ich bin nichts, ich werde nichts, ich darf nichts . . .«
Unter diesem Thema stand der Dialog mit einem jungen Mann, der auf der Suche nach seiner Identität war.

Im Protokoll des Erstgesprächs steht ein Satz, der in seiner symbolischen Aussagekraft ein bezeichnendes Licht wirft auf das Lebensschicksal des jungen Patienten: »Es kommt mir so vor, als hätte ich bisher überhaupt noch nicht gelebt, ich weiß, daß das nicht stimmt, aber ich habe bisher auch garnicht gewußt, wer ich wirklich bin, in mir war immer viel Sehnsucht, aber genau wußte ich eigentlich nie, wonach«.

Der Patient kam zur Begutachtung, ob ein Heilverfahren im Sinne einer Badetherapie angezeigt und Besserung versprechend sei. Die Diagnose des überweisenden Arztes lautete: reaktive Depression.

Der junge Mann war bereits ausgiebig klinisch untersucht worden, ohne daß ein organisch-krankhafter Befund erhoben werden konnte. Es bestand der Verdacht auf Nierensteine, da bereits mehrfach Nierenkoliken aufgetreten waren. Die Röntgenuntersuchung hatte aber keinen sicheren Anhalt für das Vorliegen von Steinen ergeben. Der Hausarzt hatte schon alle möglichen Behandlungsmethoden angewendet, ohne daß eine Änderung im Befinden des Patienten erzielt werden konnte. Dagegen mußte er immer häufiger dem Arbeitsplatz fernbleiben und fühlte sich laufend kränker werden.

Er brachte allerdings auch eine recht reiche Auswahl an Modalitäten, die seinen Beschwerdekomplex ausmachten: Schlafstörung mit nächtlichen Schweißausbrüchen oder Frostzuständen, Schweregefühl und Schmerzen in den Beinen und anderen Gelenken, Kopfschmerzen, Schwindel, Herzstiche, Magenschmerzen, Appetitlosigkeit, Konzentrationsschwäche und – als verstehbare Folge all dieser Störungen – depressive Stimmung, Gefühl der Ausweglosigkeit und auch Gedanken, daß er unheilbar krank sein könnte.

Objektiv bestand eine leichte Hypotonie, etwas kaltfeuchte Hände und eine ganz geringgradige Struma.

Der auffallend kleinwüchsige Patient mit sehr aufrechter Haltung, ruhigen und langsamen Bewegungen, wirkte bei Beginn der Behandlung ausgesprochen »zugeknöpft«. Seine Sprechweise war einfach, zögernd, mit ganz kurzen Sätzen. Sein graublasses Gesicht mit der etwas tonus-schwachen Haut und den tiefliegenden, blauumschatteten Augen machte einen leidenden Eindruck. Er schilderte mit wenigen, trockenen Worten, so als wäre er selber erschrocken über die Vielzahl seiner Beschwerden, seine Krankheitssymptome. Schon in diesem Anfangsdialog über seine äußere und innere Situation wurde sehr bald deutlich, daß ein Heilverfahren ihm in seinem jetzigen Zustand keinerlei Besserung bringen konnte. Es bestand eher die Gefahr, daß die relative äußere Sicherung, die ja durch die Anforderungen des täglichen Lebens gegeben war, weggenommen wurde und es dann möglicherweise zu einem Zusammenbruch seiner inneren Existenz führen könnte. So hatte schon ein mehrtägiger Aufenthalt im Krankenhaus zwecks diagnostischer Abklärung seiner Krankheitssymptome zu einer erheblichen Verschlimmerung seines Zustandes geführt, wobei allerdings die Erlebnisse, die er hatte, als er »durch die diagnostische Mühle gedreht wurde«, einen nicht geringen Anteil darstellten.

Das Lebensschicksal des jungen Mannes war überschattet und bestimmt durch die düsteren Ereignisse der vergangenen Jahrzehnte. Er stammt aus einem kleinen Gebirgsort Schlesiens, in dem die Weberei noch zuhause war. Seine Eltern waren beide Kinder aus Weberfamilien. Der Vater, der ebenfalls als Weber tätig war, wurde schon im beginnenden dreißigsten Lebensjahr Invalide. Scheinbar litt er an den Folgen einer Beinverletzung, die er sich im ersten Weltkrieg zugezogen hatte. Da sie erst sieben Jahre später auftraten, konnte kein sicherer Zusammenhang mit der alten Verletzung mehr hergestellt werden, und der Kampf des Mannes um eine Rente oder um eine gültige Lebensexistenz verlief ergebnislos. Unser Patient meinte dazu, daß damals doch wohl auch noch andere Gründe dahintergesteckt haben müssen. Inwieweit hier die Ehe als Entmächtigungsfaktor auf den Ehemann wirkte und – die Erkrankung des Beines gleich Gliedes läßt daran denken – ein Kastrationskomplex vorlag, muß einer gedanklichen Spekulation überlassen bleiben. Die unmittelbare Folge dieser Erkrankung war jedenfalls damals, daß die Mutter als Wäscherin in den Arbeitsprozeß eintreten mußte. Der älteste Sohn war gerade drei Jahre alt, als die Mutter von neuem schwanger wurde. Man kann sich also gut vorstellen, daß diese neue Schwangerschaft, in der unser Patient heranwuchs, nicht gerade als freudiges Ereignis begrüßt wurde. Es wurden danach auch keine weiteren Kinder mehr geboren. Unser Patient wurde als Baby, da die Mutter es selber nicht versorgen konnte, einer alten Frau zur Betreuung übergeben. Und hier ereignete sich etwas, das für seine gesamte Startsituation in tragischer Weise bezeichnend wurde: Wie ihm seine Mutter später erzählte, vergiftete diese Frau das Kind angeblich, als es wenige Wochen alt war, in der Meinung, daß es ja doch keine Lebensaussichten habe. Danach soll der Säugling im bewußtlosen Zustand, völlig blau verfärbt, ins Krankenhaus eingeliefert worden sein, wo man mehrere Wochen um sein Leben gerungen habe. Was es für ein Gift gewesen sei, habe man nicht mehr feststellen können, zumindest hat es der Patient nie erfahren.

In der Folgezeit blieb das Kind bei dem ewig nörgelnden, kränklichen und unzufriedenen Vater. Das ist die einzige Erinnerung, die der Sohn an den Vater aus seiner Kindheit hat. So sei er bis zum heutigen Tag. Die Mutter dagegen schilderte er als eine sehr nervöse, harte, aufbrausende Frau, die schwer arbeitete, viel schlug, alles bestimmte und später immer den Vater schlecht machte. Bis zur Schulzeit etwa sei sein Verhältnis zur Mutter aber gut gewesen. Zumindest sei er bis dahin »streng an das Haus gebunden gewesen«.

Der Patient entwickelte sich geistig ganz normal, blieb aber immer wesentlich kleiner als sein Bruder und auch als seine gleichaltrigen Kameraden. Es war, als müßte er die an ihn gestellte Forderung, nur »wenig Raum einnehmen zu dürfen« bis in seine Körperlichkeit hinein nachvollziehen. Er konnte nie richtigen Kontakt finden, da er mit den anderen nicht recht mittun konnte. Er weiß nicht mehr, ob das nur an seiner Kleinheit lag. Von dem Bruder wird nie etwas berichtet. Seine eigene Beziehung zu ihm erscheint so farblos, wie der Bruder selber.

Auch in der Schule hat er sich nie recht wohl gefühlt, weil er sich nur zögernd mitteilen konnte, ängstlich zurückwich und dadurch oft ins Hintertreffen geriet, obwohl er begabungsmäßig keine Schwierigkeiten hatte. Er freundete sich aber mit einem wesentlich älteren Buben an, mit dem er fast ausschließlich zusammen war. Die Eltern dieses Freundes hatten einen Bauernhof. Er verbrachte seine ganze freie Zeit dort, half freiwillig auf dem Felde, leistete schwerste Arbeit und fühlte sich in diesem Milieu bald mehr zuhause als bei den Eltern selber. Auf jeden Fall bekam er hier immer sehr reichliches Essen. Möglicherweise aber boten sich ihm auch im Verwobensein mit den freieren Naturvorgängen die ersten Ahnungen eines freieren Weltbezuges, als dies im engen Elternhaus der Fall war, zu dem seine

Beziehung völlig blaß und freudlos blieb. Nach Beendigung der Schulzeit entschloß er sich zur Ausbildung eines technischen Webers, weil dabei gut verdient werden konnte. Wesentlich aber war wohl, daß er möglichst bald auf eigenen Füßen stehen konnte, um eben von zuhause wegzukommen. Seine bisherige Lebenserfahrung war: zuhause bin ich nur überflüssig, bei der Arbeit wird, was ich tue, anerkannt.

Bevor seine Ausbildung beendet war, wurde er zum Arbeitsdienst eingezogen. An schwere Arbeit gewöhnt, wurde ihm hier nichts zuviel. Seine körperliche Kleinheit konnte er durch gute Leistungen kompensieren. Der kameradschaftliche Kontakt, der hier ohne Schwierigkeiten zustande kam, gab ihm das Gefühl von Geborgenheit. Nach einem Jahr Dienst dort, wurde er am Kriegsende noch als Soldat an die Front versetzt. Gänzlich unvorbereitet traf ihn mit voller Brutalität sein erster Kriegseindruck. Bei einem Volltreffer durch Bombenabwurf wurde der Transportzug auseinandergerissen, und sehr viele seiner Kameraden kamen auf grausige Art ums Leben. Er mußte zusammen mit seinen überlebenden Kameraden die herumliegenden Leichenteile – Arme, Beine und Köpfe – einsammeln. Dies geschah vor den geladenen Pistolen von SS-Soldaten, da der Schock die jungen Soldaten, die ja mit siebzehn und achtzehn Jahren noch Kinder waren, fast besinnungslos gemacht hatte. Damals habe er tagelang gezittert und sich immer wieder erbrechen müssen.

Zum regulären Fronteinsatz kam er nicht mehr, nur noch zu Rückzugsgefechten. Er vegetierte dumpf im archaischen Vollzug des Krieges, um dann mit den Resten seiner Truppe in Österreich in amerikanische Kriegsgefangenschaft zu geraten. Die menschliche Entwürdigung erlebte er nur staunend an seinen Vorgesetzten, da sie ihn selber gar nicht erreichen konnte. Aber es war eine schwere Hungerzeit, die sie dann durchstehen mußten. Er berichtete darüber, daß viele seiner Kameraden wochenlang nicht mehr aufstehen konnten und sehr viele starben. Er selber war wohl auch sehr elend, hatte aber, im Gegensatz zu vielen anderen, besser durchgehalten. Eine verborgene Kraft schien bei ihm auf besondere Zugriffe des Schicksals geradezu zu warten.

Es begann nun ein ganz neuer Abschnitt für ihn. Seinen begonnenen Beruf als technischer Weber konnte er nicht fortsetzen, da sowohl die Ausbildungsmöglichkeiten als auch die Berufsaussichten kurz nach dem Krieg nicht mehr gegeben waren. Angeregt durch einen Klassenkameraden, der sich unter den Mitgefangenen befand und an den er sich jetzt eng anschloß, interessierte er sich für Elektrotechnik und fand so große Freude daran, daß er Abendkurse besuchte, um sich weiterzubilden. Für gutes Essen bekam er bei den Amerikanern eine Arbeitsmöglichkeit in diesem Beruf. Hier lernte der Junge aus dem kleinen, engen schlesischen Bergdorf ein Leben der Verschwendung und des Übermaßes kennen, das ihn gewaltig aus seiner Dumpfheit wachrüttelte. Nach wie vor lebte er mit vielen anderen im Lager. Die Gefangenschaft war zwar aufgehoben worden, aber sie blieben weiterhin interniert. Im Lager fanden sich natürlich auch bald Frauen ein. Er selber fand Anschluß an eine Frau, über die er aber nur ganz am Rande berichtete, daß er nicht an eine Bindung dachte und dieses auch nicht erwartet wurde. Er lebte ohne Angst und ohne Sorge. Der liebenswürdige Menschenschlag der Österreicher vermittelte eine Atmosphäre von Heiterkeit und Wärme. Es gab keine erdrückenden Autoritäten mehr. Das gleichmachende Niveau des primitiven Lagerlebens mit seinen geringen äußeren Verpflichtungen ließ bei ihm eine gesunde Substanz zum Durchbruch gelangen, die ihm selber im wesentlichen noch unbewußt blieb. Auf diese Weise aber kam es zu großen Plänen, die bis zu einem schriftlichen Abschluß eines Arbeitsvertrages nach Schweden führten. Für ihn hätte das den weiten, freien Weg in die Welt bedeutet und den ersehnten Aufstieg auf der sozialen Stufenleiter. Aber gerade in diesem Augenblick riefen die Eltern ihn zurück nach Deutschland. Sie waren in die Nähe von S. verschlagen worden, völlig hilflos, da auch der ältere Sohn noch in russischer Kriegsgefangenschaft verschollen war. Der junge Mann entschloß sich, diesem Ruf Folge zu leisten und alle seine günstigen Aussichten aufzugeben.

Man könnte sich hier fragen, ob es die Angst vor der sich immer größer ausweitenden Lebensmöglichkeit war – erstmalig sollte er nun jeden kollektiven Rückhalt aufgeben –, oder ob es sich nur um kindlichen Gehorsam handelte, der ihn diesen Rückschritt tun ließ. Er selber kann natürlich darauf keine Antwort geben – außer, daß *die Mutter* doch sehr dringend geschrieben habe, und daß es eigentlich mehr ein Befehl gewesen sei. Jedenfalls war es für den Sohn keine fröhliche Heimkehr. Er stand den Eltern nun bewußt fremd und mehr und mehr ablehnend gegenüber. Beide Eltern erhielten damals noch keine Rente und lebten ein noch engeres, unzufriedeneres Leben, noch vermehrt von den nutzlosen Klagen des Mannes und ewigen harten Vorwürfen der Mutter.

Der Sohn suchte sich eine Arbeitsstelle bei einer großen Autofirma, was ihm auch schnell glückte. Allerdings kam ihm damals zum ersten Mal zum Bewußtsein, daß er keine abgeschlossene Ausbildung und damit sowohl im Arbeitsgesetz, als auch im Innungscharakter seiner Berufssparte keinen festen Platz inne hatte. Zu einer regelrechten Beendigung seiner Berufsausbildung kam es aber trotzdem nicht mehr. Einerseits mußte er ja jetzt für seine Eltern mitsorgen und konnte sich keine größere Nebenausgabe gestatten, andererseits reichten seine Kenntnisse im Betrieb zum Broterwerb völlig aus, da er besonders bei den Amerikanern viele technische Feinheiten erlernt hatte. So drehte er sich im Bann von Arbeit und Pflicht im Kreise.

Wenn sein Tagwerk erfüllt war, befand er sich in einem winzigen kleinen Dorf, in dem es »nicht einmal ein Kino gibt«.

In seinem Bewußtsein aber ist ein Erinnerungs-Engramm, das ihn mit drängender Sehnsucht erfüllt. Das freie Leben in Österreich hat eine Unruhe, beziehungsweise einen Lebenshunger in ihm hinterlassen, der ihn nun zu allen möglichen Unternehmungen antreibt. Er fährt in die nächstgrößere Stadt, wobei die Vergnügungen dort aus nicht sehr viel mehr als Kino- oder Lokalbesuchen bestehen. Er berichtet nicht viel darüber. Durch einen Arbeitskollegen lernt er ein junges Mädchen kennen. Sie ist Hausangestellte und gleichzeitig Verkäuferin in einer Metzgerei, stammt aber von einem Bauernhof ab. Mit ihr freundet er sich näher an. Möglicherweise ist es gerade die Herkunft aus einem bäuerlichen Milieu, die ihn – in Erinnerung an seine einzige glückliche Zeit auf einem Bauernhof in seiner Jugend – hier bei ihr stärkeren Kontakt suchen läßt. »Sie gingen zwei Jahre miteinander«, ohne daß ernstliche Gedanken an einen Eheschluß gekommen wären. Er hätte an sich gern geheiratet, um von zuhause wegzukommen, aber die Wohnungsfrage war doch ein großes Problem. Das auslösende Moment zum Heiraten gab dann auch ein sozialer Wohnungsbau der Firma, die an verheiratete Betriebsangehörige Wohnungen abgab. Die beiden jungen Menschen heirateten, mußten dann aber noch ein Jahr warten, bis sie die endgültige Zusage für die Wohnung erhielten. Während dieser Zeit wohnte das Mädchen noch in ihrer Wohnung und arbeitete weiter, der Ehemann blieb bei seinen Eltern. Es war, wie er selber sagte, ein Jahr äußerster Nervosität, Angst und Aufregung – keine »Honigmonde«. Sie sahen sich nur an den Wochenenden.

Die Wohnung selber entsprach dann allerdings allen Wünschen des jungen Paares. Es waren drei Zimmer mit Bad und Küche und sogar ein kleines Stück Garten dabei. Sie haben sich mit viel Freude nach und nach eingerichtet.

Und gerade hier, im scheinbar gut vorbereiteten, gewünschten Ablösungsraum, beginnt die neurotische Komplexwirkung. Langsam und zunächst ihm selber kaum bewußt, dann aber in immer stärkerem Maße, beginnt seine Symptomatik, und zu Beginn der ersten Schwangerschaft nach zweijähriger Ehe nimmt sie solche Ausmaße an, daß eine Arbeitsunfähigkeit bevorsteht.

Wieder muß man sich fragen, warum in einem sich so langsam aber stetig sanierenden Lebensgefüge plötzlich Krankheitserscheinungen auftreten, die trotz reichlicher Behandlung solche Ausmaße annehmen, daß die Leistungsfähigkeit des noch jungen Mannes fast völlig eingeschränkt wird. Da die klinische Untersuchung keinen organisch-krankhaften Befund erheben konnte und die medikamentöse und physikalische Behandlung erfolglos blieb, war die Annahme des behandelnden Kollegen, daß es sich um einen psychischen Konflikt handeln müsse, nur zu berechtigt.

Der junge Mann hatte in überraschender Weise sein Lebenssteuer in die Hand genommen. Er war in altersgemäßer Weise (mit 18 Jahren) während seines Lagerlebens mit homosexuellen Praktiken und Verführungen konfrontiert gewesen, hatte aber auch bescheidene Erfahrungen bei heterosexuellen Begegnungen gesammelt. In der Kontinuität des Kollektivschutzes während seiner Internierungszeit, die für ihn mit dem Doppelaspekt des Bergens aus dem matriarchalen Bereich und der strengen Ordnung mit Verbot und Gebot aus dem patriarchalen Raum eine unbewußt sehr positive Erfahrung gewesen sein muß, hatte er – aus eigenem Entschluß und mit einer deutlich konturierten Ich-Haftigkeit – den einst begonnenen Beruf aufgegeben und damit wohl erstmalig seine »Nestrandsituation« übersprungen. Für das Bewußtsein bot sich aus der Realität heraus eine legale Entscheidungsmöglichkeit, da eine Weiterbildung für den Weberberuf nicht mehr gegeben war. Darüberhinaus war er einem eigensten Interesse gefolgt und hatte sich in Abendkursen sogar weitergebildet. Der bereits in seiner frühen Schulzeit deutlich sichtbar gewordene intellektuelle Begabungskomplex war offenbar der Motivator. Dem Rückruf in das elterliche »Nest« und in sein früheres, unfreies und uneigentliches Leben war er – allerdings wohl auch aus moralischer Rücksichtnahme – nicht gewachsen.

Aber auch der Versuch, sich durch die Ehe erneut aus den elterlichen Bindungen zu befreien, hatte die Krankheitserscheinungen zur Folge. Es mußte also eine sehr tiefe im Unbewußten fixierte Bindung vorliegen, die sich nicht durch äußere Maßnahmen lösen ließ. Die Anamnese und vor allem die Träume gaben im Verlaufe der Behandlung darüber Auskunft: Es war die Mutter, die sich überall da, wo er den Dingen und Menschen der Welt begegnen wollte, in den Weg stellte. Im therapeutischen Regressionsraum gab das Unbewußte hiervon in vielen Variationen eindrucksvolle Engramme preis:

»Ich will abreisen, ich habe mich verabschiedet und bin gegangen, aber immerzu läuft jemand hinter mir her, und wenn ich mich umdrehe, erkenne ich gerade noch meine Mutter, die sich versteckt. Als ich schließlich doch den Zug, der schon losfährt, erreiche und einsteige, sitzt sie im Abteil.«

Sie ist immer schon da, wenn er erst ankommt, sie sitzt ebenso im Zug, in den er einsteigt, um Freunde zu besuchen, wie im Raum, in dem er sich mit seiner Freundin oder mit seiner Frau treffen will, sie ist ebenso eingeladen wie er usw. Er sagt darüber, daß er sich immer unglücklich und gedrückt fühlt, oft sogar gehemmt, wenn die anderen da sind. Er fürchtete die Mutter, weil sie immer nur Häßliches über den Vater sagte. Er fürchtete, Eigenschaften von ihr geerbt zu haben, oder daß seine Frau etwas von ihr annehmen könne, was sich dann gegen ihn selber wenden würde. Ihm selber unbewußt erscheint die Mutter in seinen Worten wie eine böse, aber mächtige Hexe. Man könnte daraus eine tiefe verdeckte ambivalente Mutterbindung ablesen, wodurch er im »Nest« festgehalten wurde, was durch die fehlende positive Identifikationsmöglichkeit mit dem Vater noch unterstützt wurde. Hinzu kam eine eigentümliche Wiederholung der elterlichen Situation: Der Vater war – wie der Sohn – etwa dreißig Jahre alt, als er zu kränkeln begann, seine Ehe bestand – wie beim Sohn – damals gerade zwei Jahre lang.

Bei dieser innerseelischen Situation konnte es nicht mehr überraschen, daß es eben gerade die Ehesituation war, bei der der Konflikt zur Entladung kam. Er sollte ja die angestrebte eigenständige Existenz gestalten und in eigener Verantwortlichkeit bestehen. Bemerkenswert war es, daß die bevorstehende Geburt des ersten Kindes die Situation auf die Spitze trieb. Man könnte daran denken, daß sich symbolhaft seine eigene Situation, nämlich seine unbewußte Sohnhaftigkeit *spiegelte* und erkennbar zu werden schien. Für ihn selber war dies alles bisher nur sichtbar in der äußeren Welt, wo er nicht Fuß fassen konnte und den patriarchalen Mächten unterlag.

Es dauerte lange, bis er das ihn immer wieder Verfolgende als etwas erkennen konnte, was zu ihm wollte, weil es zu ihm gehörte und daß er »es« aus dem Projektionsfeld der immer noch so gegenwärtigen Persönlichkeit der Mutter entbinden mußte. Erst nachdem es ihm erstmalig glückte, im Traum umzukehren und nicht mehr davonzulaufen, wurde ihm evident, wie wenig es ihm nützte, im Außen abzuwehren und zu kompensieren:

»Als sie merkt (die Mutter), daß ich sie erkannt habe, verschwindet sie, ich suche sie, stehe plötzlich vor einer dunklen Türe, habe Angst, weiß nicht, was dahinter ist, drücke auf die Klinke, da ist nichts, nur Dunkelheit. Ich falle in ein Loch, wache auf.«

Wieder war es der dunkle Schoß, der ihn zurücklockte, die Dunkelheit, aus der etwas in das Licht des Bewußtseins hineingeholt werden mußte. Es war die Tür, die geöffnet werden mußte – so wie die verbotene Tür im Märchen –, damit der neue Weg aus der Tiefe beginnen konnte.

Das für das Bewußtsein allmähliche Deutlicher-Werden im Sinne der Unterscheidung, vor allem seiner inneren Impulse von den vielen »Fremdforderungen«, die seine Umwelt signalisierten, wurde ein wichtiger Energiezustrom für seine Ich-Instanz. Die aktive Imagination mit Dunkelheit und Angst führte allmählich aus den archaischen Frühbereichen der Regressionsräume, in denen das hilflose Ausgesetztsein immer im Angst-Engramm endet, zu aggressiv getönten Konfliktkonstellationen, in denen sich der Patient im Traum mit der Integrationsthematik von Schuld und Angst konfrontiert sah.

Der junge Mann, der, wie sich bei der Behandlung immer wieder zeigte, trotz aller Primitivität eines unausgebildeten Geistes von einem starken suchenden Drang erfüllt war – eine *vis a tergo*, die wohl letztlich auch den Behandlungserfolg bestimmte –, kam also in die Situation dessen, von dem M. Boss sagt, daß er seine ihm zugehörigen, aber am norm-gemäßen Auftrag gehinderten Weltbezüge in den dunklen noch wort- und gedankenstummen Sphären der Existenz im Bereich der eigenen Körperlichkeit austragen müsse.

So war zum Beispiel zunächst nach seinen Aussagen die Ehe selber in ihrer Partnerschaftsbeziehung völlig frei von Störungen. Es schien eine sehr stille innerliche Beziehung zwischen den beiden Menschen zu sein, die staunend erlebten, daß ihre fast mehr von äußeren Gegebenheiten bestimmte Gemeinsamkeit Möglichkeiten echter menschlicher Bereicherung enthielt. Die Frau erschien in den Träumen und nach den Aussagen des Ehemannes, freundlich, etwas menschenscheu, fraulich und seiner Führung ganz und gar anheim gegeben. Er bestimmte bei allen Anschaffungen, die natürlich in der neuen Wohnung sehr wichtig waren, ließ sich aber von ihrem Geschmack bestimmen. Seine Beschwerden hielt er wesentlich vor ihr geheim, um sie nicht zu beunruhigen. Die Schwangerschaft nahmen die beiden froh an, trotz der damit verbundenen vermehrten finanziellen Belastung. Die Geburt eines Sohnes war für sie beide eine große Freude und erfüllte besonders sie mit sichtlichem Stolz.

Erst im Laufe der Behandlung wurde ihm bewußt, daß er darunter litt, zusehr aufeinander angewiesen zu sein. Er fürchtete, die Welt zu verlieren, und sehnsuchtsvolle Träume führten ihn immer wieder nach Österreich, wo er einst ein freies Leben verbracht hatte. Träume ähnlichen Inhalts häuften sich mit Grenzübergängen, Fahrten mit fremdem Auto unter fremdem Auftrag, Fahrten ohne Führerschein, es versagte ihm die Bremse, während er den Berg rückwärts heruntersauste oder der Motor setzte aus, wenn es aufwärts ging. Immer wieder hatte er im Traum Ängste vor Kontrollen, oder aber wanderte als Flüchtling von zuhause weg und wunderte sich darüber, daß es doch zuhause so schön sei. Mehrfach wurde er wieder eingezogen und vergaß, sich zuhause abzumelden (die Militärzeit war der Beginn seines eigenen, inneren und äußeren Wachstums); wiederholt kehrte er auch in den heimatlichen Ort zurück, ohne daß er recht wußte, was er dort sollte. Einmal ging er im Traum mit seiner Frau im Walde spazieren und wollte einen wildernden Hund züchtigen, hatte aber Angst, daß dieser dann auf ihn losgehen könnte, da sie sich ja nicht kannten.

Diese Träume, die etwa die Hälfte der ersten Behandlungszeit bestimmten, erhellten deutlicher als alle theoretischen Gedanken den inneren Kampf des jungen Mannes: die »rückwärtigen« Bindungen an den elterlichen Heimatort, obwohl er gar nicht mehr weiß, was er dort tun soll, das nach Rückwärts-und-abwärts-gezogen-Werden, wo ihm keine Gegenmacht, also keine Bremse zur Verfügung steht und als natürliche Folge das Versagen des Motors bei den Vorwärts- und Aufwärtsbewegungen, dazu die Flucht von zuhause, obwohl es doch so schön ist, und – als immer wiederkehrendes Bild – Österreich, das nun wahrlich zum Land seiner Träume wurde.

In der Bearbeitung dieser Inhalte bedeutete es für den jungen Mann eine große Befreiung, über dem Suchen nach einem Hobby, das sich auch bei seinen sehr beschränkten finanziellen Verhältnissen durchführen ließe, das gezielte und sich langsam immer mehr ausweitende Lesen als eine Erweiterung seiner inneren Welt zu entdecken. Bezeichnenderweise waren es zunächst große Reisebeschreibungen, durch die er sich in fremde Länder führen ließ. Auch gegen die leise aufkeimende Eifersucht seiner Frau setzte er sich still aber energisch durch und bildete sich für den Sohn, um als Vater einmal standhalten zu können.

Auch seine berufliche Existenz erfuhr durch die Traumsignale deutliche Hinweise zur Bewußtseinserweiterung. Besonders anfangs zeigte es sich, daß er unter seiner nicht abgeschlossenen Berufsausbildung mehr litt, als er vom Bewußtsein her zugeben wollte oder überhaupt wußte. Er fühlte sich überall nicht fertig, wobei sich hier die Projektion seiner *inneren* Unfertigkeit auf die *äußeren* Verhältnisse besonders deutlich zeigte. Er hatte keinerlei Kontakt mit den Kollegen, der Dialekt machte ihm große Schwierigkeiten, er empfand die Schwaben nach den charmanten Österreichern als arbeitswütig und geldgierig, wobei das Geld ihnen nur zur Anschaffung »protziger Luxusgegenstände« diene. Gleichzeitig aber beneidete er sie um ihren materiellen Hunger. Er beobachtete sehr scharf, daß die Ehen, in denen beide Partner einen Beruf ausüben, leiden mußten und ein Kind erst meist »nach dem Eisschrank« kam. Wahrscheinlich hatte ihn sein eigener Ehebeginn dafür noch besonders hellsichtig gemacht. Sicher aber war, daß er im drängenden Prozeß des Wirtschaftswunders sein eigenes Steckenbleiben zumindest zunehmend bewußter empfand. Dazu bedrückte ihn die unpersönliche Atmosphäre des Großbetriebes, in dem nur gefragt wurde, wann man fertig war und nie, wie man es schafft. Hier häuften sich auch seine Schwierigkeiten und traten seine Beschwerden verstärkt auf. Er fühlte sich ausgenutzt und zu unrecht behandelt. In seinen Träumen dagegen zeigte sich eine gewisse Anmaßung mit deutlichem Geltungsstreben, obwohl er nie gelernt hatte, sich vor den Vorgesetzten aufzuspielen und die nun folgende Blamage den anderen zuschieben wollte.

Sein Geltungsstreben entsprach seiner eigentlichen Begabung, die aus

Mangel an entsprechenden Ausbildungskriterien undifferenziert geblieben war. Der Arbeitsplatz des Patienten war für ihn besonders ungünstig, da in wechselnden Schichten gearbeitet wurde und dadurch sein Schlafrhythmus schwer gestört wurde. Da bei der schon vorhandenen Schlafstörung des Patienten überhaupt keine Entspannung zustande kam, befand er sich in einem Dauerzustand der Erschöpfung und Übermüdung. Es konnte aber über den Betriebsarzt erreicht werden, ihn aufgrund seiner Konstitution von der Schichtarbeit zu befreien. Es kam zu einem Arbeitsplatzwechsel, der sehr günstige Folgen hatte. Der neue Meister war ein psychologisch offener und lebenserfahrener Mann – oder verstand es der junge Mann jetzt besser, sich zu verständigen? Auch mit den neuen Kollegen gab es nun eine reibungslose Zusammenarbeit unter der Protektion dieses Meisters.

Die zunehmende Welteroberung im patriarchalen Identitätsraum führte zu einem für den Patienten selber fast unauffälligen Verblassen der ausgedehnten somatischen Signale. Die Arztbesuche wurden seltener und hörten schließlich auf. Grippe und Erkältungskrankheiten spielten keine Rolle mehr, während bemerkenswerterweise die Schmerzen in den Beinen am längsten bestehen blieben. Man wird hier erinnert an die Frühinvalidität des Vaters wegen seiner Beinverletzung. Nach einer sehr eindeutigen Konfrontation mit der existentiellen Bedeutung des Beines als »Standpunkt« und »Fortbewegungsmöglichkeit« für die Menschen – besonders für den Mann – und der angedeuteten Möglichkeit, daß es sich auch bei diesem Symptom um eine Flucht vor den sich entfaltenden Lebensmöglichkeiten handeln könne, verdämmerten auch diese Beschwerden allmählich.

Im Abschlußprotokoll steht ein Satz, der wie ein Anschluß an einen der ersten Träume dieses Patienten erinnert. Er erzählte, daß er seine Eltern zu Weihnachten eingeladen hätte und daß diese sich ohne Schwierigkeiten in *seine* Familie eingefügt hätten. Das Schönste sei für ihn gewesen, daß er nach dem festlichen Abend hinübergehen konnte, in das kleine Schlafzimmer seines Sohnes: die Tür hätte offengestanden, so wie sie immer abends die Tür etwas offen ließen zu diesem Zimmer, und er sei in dem Lichtschein, der dadurch in das Zimmer gefallen wäre, bis zum Bett seines Sohnes gelaufen, der dort friedlich schlafend und ganz geborgen gelegen hätte.

DIE VATERLOSIGKEIT – ODER
»MEINE KINDHEIT IST NEBEL«

Wer die aktuelle Wirksamkeit mythologisch-archetypischer Strukturen und die von daher motivierte Phänomenologie in der Lebensaktualität und -realität des modernen Menschen zu beobachten vermag, der erkennt sehr bald, daß *ein* Mythologem nur den Schlüssel darstellt für den gesamten Mythos, der eigentlich als geistige Substanz hinter der spezifisch abgerufenen Facette auftaucht. Mythos und Narzißmus – es ist das Sohn-Motiv schlechthin, und in ihm eingeschlossen das Kindmotiv, das damit den Weg beleuchtet zu den zahlreichen Göttern und Göttinnen: den Elterndelegationen und dem Differenzierungsprozeß des Ich-Bewußtseins aus dem Archetyp der Ureltern. Der Umgang mit dem Mythos ist nicht nur Historie der Menschheitsgeschichte, sondern immer auch Weg zur eigenen, inneren Anamnese und damit Individuationsweg zum eigenen Selbst. 1926 schreibt C.G. Jung in der kleinen Schrift »Die Bedeutung des Vaters für das Schicksal des Einzelnen«[51], »daß die Wurzeln von Seele und Schicksal tiefer reichen, als der ›Familienroman‹, und daß nicht nur die Kinder, sondern auch die Eltern bloß Zweige eines großen Baumes sind.« Aus den Prozeßprotokollen moderner psychotherapeutischer Behandlungen erfährt man – mit den entsprechenden spezifischen Varianten der aktuellen Lebenssituation – Narzissosschicksale:

»Als meine Eltern heirateten«, berichtet ein 32jähriger Physiker, »war ich schon unterwegs. Ob ich gewollt war? Das glaube ich nicht. Aber sie gingen schon eine Weile miteinander. Vielleicht hatte es auch einer heimlich gewollt, weil er Angst hatte, den anderen zu verlieren – wer weiß das schon – nachher? – Ich weiß es nicht. Und was Eltern erzählen, darauf kann man ja nichts geben. Jedenfalls habe ich von meinem Vater nichts gehabt; ich kenne ihn kaum. Meine Eltern haben sich bald wieder getrennt. Da war ich noch sehr klein und natürlich bin ich bei *ihr* geblieben. Das ist ja heute so. Kleine Kinder bleiben bei der Mama. Ob's gut ist oder ob *sie* gut ist, danach fragt eigentlich niemand. Und ein Kind wird ja sowieso nicht gefragt. Vielleicht hat meine Mutter mich sogar gemocht, aber mir hat es nichts genützt. Ich habe mich von Anfang an nicht leiden können. Wenn sich ein Mädchen für mich interessierte, dann war ich immer so blockiert, daß ich kein Wort reden konnte. Und als ich dann schließlich anfing, mich für sie zu interessieren, hatte ich solche Ängste, daß ich mir völlig wie erstarrt vorgekommen bin. Manchmal habe ich das Gefühl, als ob ich noch gar nicht richtig auf der Welt wäre. Oder so, als ob ich immer nur auf einem Bein stehen würde, und das andere ist irgendwo hängengeblieben, wo ich es nicht abnabeln kann.«

Zu einer flüchtigen Kritzelei auf einem abgerissenen Eckchen Seidenpapier assoziiert der Patient:

»Meine Kindheit ist Nebel. Ich erinnere mich an nichts. Vergangenheit ist leer. Und warum soll ich an morgen denken, wenn ich mit dem Heute nicht fertig werde.« (Siehe Abb. 23).

Der unbewußte Kommentar zu diesem Monolog ergänzt in bezeichnender Weise das Psychogramm. Der Patient träumt:

»Ich wandere. Es ist ein Waldweg. Es ist eigentlich dunkel. Vielleicht etwas dämmrig. Ich habe ein sonderbares Gefühl, kann es schwer ausdrücken. Ich weiß, daß ich allein bin. Aber gleichzeitig ist jemand da. Ganz plötzlich fällt mir ein, daß es hier ja auch Tiere geben könnte. Vielleicht sogar wilde Tiere. Und daß ich nichts besaß, um mich verteidigen zu können. Und dann passierte wieder etwas ganz Komisches, was es in Wirklichkeit gar nicht geben kann. Ich konnte nämlich mit einem Mal, obwohl es doch ganz dunkel war, sehen. Jedenfalls sah ich dann, daß ich doch eine Waffe hatte. Das war wie ein Schwert oder irgendso etwas ganz Altes, was die Leute früher hatten, so eins, mit einer Geschichte, so wie in einer Oper. Im Traum wußte ich die auch. Aber dann war ich auch irgendwie am Ziel. So als ob ich in der Mitte des Waldes angekommen wäre. Da lag ein kleiner, ganz runder See. Er sah aus wie ein dunkles Auge, aber mit Licht drin, weil sich der Himmel darin spiegelte. Es war ganz still. Es war schön. Ich konnte so von innen her sehen.«

Der bei Beginn des analytischen Dialoges 32jährige Mann war als Physiker im wissenschaftlichen Forschungsraum tätig und hatte sich hier eine fast steinern wirkende rationale Fassade aufgebaut, hinter der er mühsam, aber unauffällig an seine Lebensbedingungen angepaßt, existieren konnte. Eine formal geschlossene und geführte Ehe war darüber zerbrochen und hatte ihn – allerdings erst bei der Auseinandersetzung um die Erziehungsberechtigung für die beiden Kinder – seine totale Isoliertheit ins Bewußtsein gebracht. Die Irrationalität des im frühen Initialbereich der Behandlung auftauchenden Traumes und die aufgrund seiner Depression und Widerstandslosigkeit fast quellenartig aufspringende Amplifikationsfähigkeit seiner für ihn selber bis dahin verborgenen total introvertierten Intuitionsfunktion, die sich mit unvermuteter Offenheit der Bilddynamik öffnete, machten auf den Patienten einen so starken Eindruck, daß er – für ihn völlig überraschend – in heftiges Weinen ausbrach.

Die amplifikatorische Traumbearbeitung im Dialog ist intensiv von der Bilddynamik bestimmt:

Der Weg des Traumes führt psychodynamisch zu den Symbolsignalen des Waldes, also in die Matrix der Natur, des Vegetativums – führt in das Dunkle: symboldynamisch also in das Unbewußte oder eben zunächst nicht Sehbare. Das Schwert erinnert den Patienten an die Vergangenheit und signalisiert damit das *anamneo*: ich erinnere mich. Dieses steht im besonderen Gegensatz zu der Bewußtseinseinstellung von Leere und Nebel nach rückwärts. Der Weg führt aber auch in den Tierbereich, der hier offensichtlich als aggressiv und bedrohlich erlebt wird, wodurch die Auseinandersetzung des Ich-Bewußtseins mit der Instinkt- und Triebwelt annonciert wird. Das Besondere des Traumes ist die plötzliche Erkenntnis des potentiellen Besitzes, der eine »Geschichte« hat: eben das Schwert. Die aktuelle Assoziation führte den Patienten zur Oper – einem Hobby, das er sehr eifrig pflegte – und darüberhinaus zu dem klassischen Helden der Deutschen: Siegfried, wobei ihm das geheimnisvolle Schwert »Notung« im therapeutischen Dialog zu einem »Aha-Erlebnis« verhilft[52]. Assoziation und Amplifikation lassen ein wichtiges Thema sichtbar werden, das mythologische Signaturen aufweist: Das von Gott-Vater in den Eschenbaum gestoßene Schwert gehört *dem* Sohn, der stark genug ist, die Waffe aus dem Elternstamm zu ziehen, um mit eigener Kraft, aber unter der *potentiellen Protektion der Eltern* den eigenen Lebenskampf zu bewältigen.

Hier aber lag auch der analytische Weg in die therapeutische Regression, um den Anschluß an die schöpferische Matrix des Selbst wiederherstellen zu können. Der Weg führte ins Zentrum oder in die Mitte des Waldes, wie der Traum sagte. Als würde der Träumer einem unbewußten Plan folgen, gelangte er zu der Erfahrung des dynamischen Doppelsymbols: der See mit seiner Tiefe und dem sich darin spiegelnden, wie ein Auge wirkenden Himmel. Damit aber gelang auch schon im Traum eine Entscheidungsfähigkeit, die das Prinzip des ethischen Gewissens für das Ich zur Basis werden läßt. »Ich konnte... obwohl es doch ganz dunkel war, sehen!«

Auch das Schwert erhält eine besondere Betonung als Symbol für Kampf, Trennung und Überwindung, wobei der Schwertgriff als *Kreuz* in der Hand liegt und den Progressionsschritt aus der Urgeborgenheit der Frühe und der Ganzheit des noch ganz in der Mitte-Seins nun in die direktive Welt des Ich-Bewußtseins antizipiert.

Der Weg des analytischen Dialoges war auch für diesen Patienten lang und führte, entsprechend dem Traumentwurf, durch viele Dunkelheiten, beziehungsweise Depressionen, Einsamkeiten, Ängste und Aggressionen. Interessant ist aus dieser Anfangszeit eine Kritzelzeichnung des Patienten, die das Wald- und Baummotiv aufgreift, wobei in der Baummitte ein schlafendes, beziehungsweise ganz nach innen hin orientiertes Gesicht auftaucht, das meditativ oder »träumend« anmutet. Die weit ausladenden Wurzeln weisen auf eine breite Basis und haltende Kräfte hin, während im Kopfbereich des Baumes eine aggressive Energie aus einem halbmondhaft anmutenden Bereich in die Höhe schießt und eine Fülle von kleinen Details auf das reich aktivierte Interesse des gesamten Ich-Komplexes hinweist. (Siehe Abb. 24).

Der Mut zur Regression mußte von dem Patienten über lange Phasen des Widerstandes und der mühsamen Einübung der Ich-Funktionen erkämpft werden, wobei das Schwert der Trennung auch immer wieder ihn selber verletzte. Es ist hier nicht der Platz, um das reiche und vielschichtige Traum- und Bildmaterial zu dokumentieren. Im Zusammenhang mit dem Narzißmusthema soll aber noch ein »Anima-Bild« zur Darstellung kommen, das, aus dem Brunnengefäß auftauchend, Wurzeln ahnen läßt, und wie in einer sich öffnenden Blüte, trotz aller Flüchtigkeit der Kritzelzeichnung, ein lächelndes Antlitz dem Beschauer anbietet. Das Bild läßt erkennen, daß die steinerne Fassade, die totale Isolierung des Patienten zugunsten des innerpsychischen Wandlungsgeschehens aufgegeben werden konnte. (Siehe Abb. 25).

WER WAR NARZISSOS WIRKLICH?

Welche archetypische Instanz modellierte an dem Bild dieses Sohnes, das die Jahrhunderte überdauerte, und mischte es in den breiten Fächer des polytheistischen griechischen Mythos? Narzissos wurde zum Symbolträger für allgemein gültiges, spezifisch menschliches Schicksal und ebenso für sich vielfach wiederholende menschliche Verhaltensweisen. Narziß war wie Hamlet ein Rebell, ein Aufgebrochener: an der Schwellensituation einer psychischen Renaissance mit allen Leidens- und Todesgefahren des Alleinseins für das Ich. Narziß widersetzte sich dem Dienst an der Göttin. So wie Hamlet an Ophelia schuldig wird, wurde es Narziß an der Nymphe Echo, und es ist dementsprechend die große Liebesgöttin Aphrodite, die ihn an den Quell des Lebens, also an seinen Anfang lockt, und ihn seine eigene Schönheit entdecken läßt. Verzweifelt klingt sein Schrei: »Wehe! Nun ahn' ich, du bist nur ich selbst. Nun sehe ich, mich täuschet das eigene Bild, ich liebe nur mich selbst. Oh, daß ich mich teilen könnte, daß ich mich trennen könnte von meinem Körper!«[53]

Seine schmale, überlieferte Lebenschiffre ist zusammengeschrumpft auf seinen Anfang, seinen Schicksalsentwurf und sein Ende. Sein Nachruf heißt: Pfui über einen, der es wagte, sich selber zu lieben, als er sich selber entdeckte – nachdem man ihm vorher vorgeworfen hatte, daß er nicht lieben könne. Seine stolpernden Anfangsversuche wurden verworfen – wie heute bei jedem Neurotiker, der anders ist als man jeweils von ihm erwartet. Seine entsetzliche Verlassenheit und Einsamkeit, seine Verzweiflung und seine Ängste lassen sich nur ahnen. Wie sein dunkler Schicksalsbruder im ägyptischen Mythos, Seth, oder sein christlicher Bruder Kain, wird er zum Projektionsobjekt für all das, was von einem normierten Ich-Bewußtsein nicht anerkannt, negativ bewertet oder moralisch disqualifiziert wird. Der gegen die Selbstsuche programmierte und nun konsequenterweise am Ich-Wagnis des Eros Scheiternde, wird vom erkennenden *Augenblick* inflationiert. Hier wird das psychodynamische Signal gesetzt für den *Leidensweg vom Ich zum Selbst!*

Welch tiefe Ungeborgenheit muß das psychische Erst-Engramm enthalten haben, daß der natürliche Entwicklungsgegensatz vom Selbst zur Ich-

Entwicklung, vom Ich zum Objektbezug in so weitreichendem Maße gestört war. Der mythologische Entwurf zeigt die archaische Identität zwischen Schicksal und Sein, aber er enthält auch das schöpferische Nein, das Unterscheidung ermöglicht und Trennung, das Nein, das immer auftaucht an den Schwellensituationen neuer Bewußtseinsentwicklungen.

Narziß war ein Verweigerer der Liebe, der es im Raum des großen Eroskultes wagte, den Armen des Weibes zu entfliehen, wie sich einst Gilgamesch[54] der werbenden Göttin Innana widersetzte und damit den Schritt in die männliche Freiheit des Ich versuchte. Was aber ist der Weg zu sich selbst ohne Liebe zu sich selbst? Wie verwirklicht sich das Wort des christlichen Mythos: *Liebe Deinen Nächsten wie Dich selbst?*

Was ist das Selbst?

TEIL II

»Der Traum ist die kleine verborgene Tür im Innersten und Intimsten seiner Seele, welche sich in jene kosmische Urnacht öffnet, die Seele war, als es noch längst kein Ich-Bewußtsein gab...« »Im Traum aber treten wir in den tieferen, allgemeineren wahreren, ewigeren Menschen ein, der noch im Dämmern der anfänglichen Nacht steht, wo er noch das Ganze und das Ganze in ihm war, in der unterschiedslosen, aller Ichhaftigkeit baren Natur. Aus dieser allverbindenden Tiefe stammt der Traum...« (C.G. Jung).

Der Lebensbaum als Symbolträger irdischer und himmlischer Kräfte mit Wurzeln, Stamm und Baumkopf, Verwurzelung im Ahnenraum, Geborgenheit im phallisch schöpferischen Bereich mythischer Kräfte, archaisches Grundmuster archetypischer matriarchaler und patriarchaler Matrix.

DER TRAUM VOM SELBST

Am Anfang dieses Kapitels soll ein *Traumbild* stehen, das Wegweiser sein möge für die folgenden Inhalte, die sich oft so schwer und nur unvollständig in Worten ausdrücken lassen. Er wurde von einer 48jährigen Patientin gegen Ende einer Individuationsanalyse geträumt:
»Tief im Dickicht des Dschungels,
Hinter Lianen und Palmen verborgen,
liegt eine große runde Frucht
von leuchtendem dunklem Braun mit leuchtend hellblauen Schuppen.
Dann liegt die Frucht plötzlich in einem lichten, schimmernden Garten.
Er ist ohne Grenze, seine Dimension kann man nur ahnen.
Die Frucht hat sich gedreht,
alle Schuppen haben sich geöffnet.
In den Schuppenkelchen stehen nun zahllose, goldene Staubgefäße, schimmernd und vom Lufthauch bebend im Licht.
Der Anblick ist überwältigend schön.
Oben aber, in der Mitte, der wie atmenden Frucht, sitzt ein winziger Affe mit großen, dunklen Augen und einem Kinderlächeln.
Sein winziger Körper ist braun wie die Frucht. An den Armen aber hat er ein ebenfalls gold-schimmerndes Fell.
In der linken Hand hält er einen offen Blütenstern mit einer tänzerisch graziös anmutenden Geste über seinen Kopf, der wie eine kleine Krone darüberschwebt.
Dieser Blüte entströmt ein wunderbarer Duft, der die ganze Luft erfüllt.«

DIE PRIMÄRE PSYCHISCHE GANZHEIT

Es ist zur Zeit nicht ganz einfach, eine klare, psychodynamisch allgemein verstehbare Definition des Selbst zu geben. Zumindest bedürfte es eines sehr umfänglichen Studiums der in den letzten Jahren darüber erschienenen Literatur. Die oft verwirrende Vielfalt der Angebote und Darstellungsformen läßt den Begriff einer »Selbstpsychologie« gerechtfertigt erscheinen, wobei die psychodynamischen Phänomene bei allem Reichtum von Erfahrung und wissenschaftlichem Forschungsgeist meist zu den tiefenpsychologischen Anfangswurzeln führen. Im *Wörterbuch der Psychologie* findet man die Definition: »Das Selbst (C.G. Jung) ist der zentrale Archetypus. Er bezeichnet als empirischer Begriff den Gesamtumfang aller psychischen Phänomene im Menschen. Er ist unanschaulich, transpersonal und bewußtseinstranszendent. Der funktionelle Sinn liegt wegen seiner übergeordneten Größe in seiner kompensierenden Selbstbeschränkung des Bewußtseins.«

»Die Psychoanalyse (S. Freud) bezeichnet mit Selbst die eigene Person, die das Es, das Ich und das Über-Ich in sich schließt.«[1]

Wie kaum bei einem anderen Begriff im Gesamtbereich der Psychologie kann man aber auch beobachten, daß sich bei der Benutzung dieses Begriffes die Vorstellungen von Struktur und Dynamik vermischen, so daß zum Beispiel Ich und Selbst – besonders anfänglich im Bereich der Psychoanalyse (S. Freud) – miteinander identisch betrachtet wurden. Gerade an dieser Stelle ist eine deutliche Standpunktgrenze zwischen Analytischer Psychologie und Psychoanalyse feststellbar. Aber besonders hier wäre unter Umständen auch ein fruchtbarer Dialog möglich. Es ist also verstehbar, wenn C.G. Jung formuliert:

»Es mag vielleicht dem Kenner der Komplexen Psychologie als überflüssig erscheinen, die schon längst festgestellte Verschiedenheit von Bewußtwerdung und Selbstwerdung (Individuation) nochmals zu erörtern. Ich sehe aber immer wieder, daß der Individuationsprozeß mit der Bewußtwerdung des Ich verwechselt und damit das Ich mit dem Selbst identifiziert wird, woraus natürlich eine heillose Begriffsverwirrung entsteht. Denn damit wird die Individuation zu bloßem Egozentrismus und Autoerotismus.«[2]

Nach der Inhaltsvorstellung der Analytischen Psychologie versteht man unter dem Begriff des »Selbst« das primäre psychische Sein und damit den primären Ganzheitsentwurf aller Möglichkeiten der Persönlichkeitsentfaltung, aus dem heraus sich der individuelle Mensch entwickelt[3]. Danach enthält das Selbst grundsätzlich die allgemeinen psychischen Strukturelemente und Strukturprozesse, die sowohl die Selbstentfaltung wie auch die Ich-Entwicklung bestimmen. Der autonom gesteuerte primäre Entwicklungsimpuls dynamisiert also gleichzeitig bereits den Entwicklungs*weg* und bestimmt damit die Entwicklungs*phasen*. Die einzelnen Funktionselemente zeigen bei ihrer Auffächerung eine kollektiv gültige Kontinuität, vergleichbar den Entwicklungsphasen von Muskeln, Nerven und Organsystemen. Der im Selbst vorhandene Drang nach Bewußtwerden als Voraussetzung für die Ich-Bewußtseins-Entwicklung überhaupt, setzt das Vorhandensein eines Ich-Keimes im Selbst voraus. Dieser Ur- beziehungsweise Anfangszustand provoziert vermutlich das beschriebene Gefühl der unbegrenzten »Omnipotenz« oder die »ozeanischen Gefühle«[4], die dem primären Erlebnis-Engramm einer Vollständigkeit oder Ganzheit von Möglichem entsprechen.

Unter dieser Arbeitshypothese liegt es im Erforschbaren, daß der Prozeß der Entwicklungsabläufe heute einer kognitiven Erfassung zugänglich ist, denn die komplexe dynamische Funktions*einheit* der Gesamtpsyche wird durch die Funktions*phänomene* der symbolischen Signaturen des Unbewußten in ihren einzelnen Positionen und Energiefeldern sichtbar und mit »objektiven« Fakten vergleichbar.

Eine notwendige Voraussetzung dafür, daß der energetische Prozeß der Integration dieser Wachstumsimpulse und Differenzierungsvorgänge geleistet werden kann, ist ein parallel zur Selbstentfaltung sich entwickelndes kohärentes Ich als Rezeptions- und Wandlungsorgan des gesamten Bewußtseinskomplexes. Bei ungestörtem Entwicklungsverlauf sollte sich das dynamische Gleichgewicht (autonome Kompensations-Dynamik) zwischen der Selbstinstanz und der Ich-Bewußtseins-Instanz konstellieren.

DIE FRÜH-ENGRAMME

Diese Betrachtungsweise einer primären psychischen Ganzheit findet ihre Parallele im embryologischen Ganzheitsentwurf des Menschen. Denn auch die körperliche, intrauterine Entwicklung läuft nach einem endogenen Strukturprogramm ab. Sowohl in der Psychologie wie in der Tiefenpsychologie sprechen wir von Strukturen und bringen diese mit beobachtbaren Phänomenen in Verbindung. Die moderne Embryologie bestätigt, daß die *psychische* Entwicklung von Beginn an, also *intrauterin*, einsetzt und bereits im Mutterleib der Ich-Keim seine ersten Erlebnis-Engramme erfährt. Von daher mag der Versuch als Arbeitshypothese gelten, in langjährigen Beobachtungen gesammeltes Bildmaterial einer vergleichenden Betrachtung zu unterziehen. Es sind sogenannte *unbewußte* Malereien und Zeichnungen beziehungsweise »Kritzeleien«, deren Inhalt rational nicht ausreichend erklärbar erschien, zumindest aber dem emotionalen Wertgefühl nicht evident war. Die Amplifikation der *symbolischen Signatur* dagegen ließ einen Sinn erkennen, der im Prozeßverlauf des analytischen Dialoges eine deutliche Integrationswirkung für das Ich-Bewußtsein des Betreffenden beobachtbar machte. Besonders interessant ist in diesem Zusammenhang die Betrachtung von Bildmaterial erwachsener Patienten, die im Bereich der therapeutischen Regression anscheinend intrauterine Früh-Engramme zur Darstellung brachten, von denen das Ich bis zur analytischen Therapie nichts wußte und erst nach solchen Bildern (oder entsprechenden Träumen) durch Nachforschen in der Frühanamnese biographische Fakten erfuhr, die Aufschluß zu geben schienen über Erlebnis-Engramme in der Vor-Ichphase.

Diese aus den Tiefenschichten aufsteigenden Bilder, besonders die von Kindern, aber auch die von Erwachsenen, tragen oft eine erschreckende und erschütternde Signatur, wie das folgende Bild von Marc-Anton, der in seinem 8jährigen Leben bereits eine Odyssee hinter sich hatte: Unehelich empfangen, Abtreibungsversuch der Mutter, Trennung vom Vater des Kindes, bevor es auf der Welt war, Pflegeeltern mit häufigem Wechsel, Aufenthalt im Kinderheim und schließlich – wie ein Wunder anmutend – eine neue Ehe mit einem jungen, aufgeschlossenen Vater, der sich des nur noch wie ein kleiner gerupfter Vogel wirkenden Menschenkindes annahm mit großer Güte und kontinuierlicher Zuwendung. Diesem auch war es zu danken, daß die Familie sich nun um Hilfe bemühte. Das erschütternde Bild entstand bei der Erstkonfrontation der Untersuchungssituation. (Abb. 27.)

Die Früh-Engramme zeigen Gitterstäbe, fehlende Beine und Hände, wie bei einem Contergangeschädigten. Die angstvoll und eng beieinanderstehenden Augenpunkte schauen gequält um einen wie zur Seite geschobenen Gitterstab herum, der das Gesicht brutal in zwei Hälften teilt. Die Ohren fehlen ganz. Der Körper wirkt wie an Kreuzen aufgehängt: ». . . eine Vogelscheuche . . .«

Der Regressionsweg in die heilen Bereiche der archetypischen Matrix dürfte hier ein weiter Weg sein und bedarf großer Bereitschaft, die Angstschwellen bis zu einer »neuen Schwangerschaft« zu überwinden. Auch der »vaterlose Sohn« stellt mit seinen 6 Jahren seine aktuelle »innere Wahrheit« mit erschreckender Deutlichkeit dar (Abb. 28).

Es ist das Innenbild eines hochbegabten kleinen Jungen von 6 Jahren mit schweren Konzentrationsstörungen, Kontaktarmut, einer schmerzhaft juckenden allergischen Hauterkrankung, Unverträglichkeit von vielen Speisen und als psychisch besonders alarmierendes Symptom: Stehlen und Schulunfähigkeit. Wen wundert es, wenn man dieses Bild betrachtet. Das Kind hat praktisch keinen Boden unter den Füßen, es ist nicht in der Lage, einen Standpunkt zu beziehen mit seinen verkrüppelten Gliedmaßen. Da, wo es fröhlich spielend die Welt erobern sollte, sitzt das große, fressende Krokodil, dem es hilflos ausgeliefert zu sein scheint. Hier helfen keine Nachhilfestunden oder gar Einschulung in eine Sonderschule – dies um so weniger, als der IQ weit über dem Durchschnitt liegt. Hier zeigen das Symbol und das Symptom: Helft mir, mich selbst zu finden, um die gefährlichen Komplexe zu entladen. Er war ein unehelich empfangenes Kind einer aus »sehr gutem Hause« stammenden jungen Frau. Abtreibungswünsche, Verleugnung der Vaterschaft, Wochenendbeziehung zwischen Mutter und Kind, schließlich eine Pflegestelle waren die traurige Konsequenz.

Das folgende Prozeßbild einer 46jährigen Patientin mutet zunächst wie eine Blüte in der Sonne an, und erst bei »genauerem Hinsehen«, d.h. im analytischen Dialog, tauchte die Frage nach einer möglichen Frühschädigung auf. Erst auf Nachfrage in der Familie erfuhr die Patientin von dem Abtreibungsversuch der Mutter. (Abb. 29). Das gewaltig anmutende Einbrechen des Sonnenlichtes in die aufgebogenen Blütenblätter und die wie »schreiend« gemalte Profillinie der Mutterfigur gaben den Anstoß zu dieser Frage. Die Kelchblätter, die wie von roten Gefäßlinien durchzogen sind, liegen dicht an der Blüte, wurden von der Patientin selber als Wurzeln bezeichnet, und die Blüte selber scheint unter Wasser zu schwimmen. Die Patientin befand sich zu dieser Zeit in einer mit starken Ängsten verbundenen Regressionsphase während des analytischen Prozeßverlaufes. Ein Traumbild hatte dieses Bild initiiert. (Siehe Abb. 30).

Traum: »Ich fahre mit der Eisenbahn, ich will jemanden besuchen, ich weiß nicht mehr, wen, aber es ist wichtig, weil ich mir da etwas abholen soll. Ich bin schrecklich müde, aber ich habe auch furchtbare Angst, einzuschlafen, denn im Zug soll ein Mörder sein. Ich habe Angst, daß er mich aus dem Zuge rausschmeißen kann, wenn ich einschlafe. Ich habe den blödsinnigen Wunsch, daß ich mich ganz klein-machen möchte und mich irgendwo dahinter verstecken.«

Hier stehen Todesbedrohung und Neu-Werden symbolisch dicht nebeneinander. Dazu gehören auch die unbewußten Engramme der sogenannten »unerwünschten« oder zur unpassenden Zeit empfangenen Kinder, die nicht selten während einer therapeutischen Regression zur Integration und Verwandlung angeboten werden. Hierzu wurden aus einer Vielzahl solcher Dokumente die beiden nächsten Bilder ausgewählt. (Abb. 31 und 32).

Zum Thema Oralität und Sexualität gehört ein unbewußtes Bild einer 45jährigen Patientin während einer therapeutischen Regressionsphase.

Anamnestische Fakten: Unerwünschtes Kind als Zweitschwangerschaft. Abtreibungsversuch der Mutter mit heißen Bädern und Springen über hohe Gegenstände. Von der Mutter als Vergewaltigung erlebte sexuelle Beziehungen mit dem Ehemann. Assoziation der Patientin zum Bild: »Oft ist es so, als wollte etwas mich innerlich auffressen – eine große Unruhe – vielleicht tatsächlich wie ein Feuer – es treibt mich um ...« Die wesentlich im oralen Bereich fixierte Sexualthematik der Patientin kommt hier drastisch zur Darstellung. Der «Flammenherd«, der den quadratisch geformten Mund umkreist, sowie die auffallenden »Eulenaugen« des Kopfes enthalten als Chiffre aber auch das *transcedere* der Wandlungsmöglichkeit.

Auf dem nächsten Bild sieht man in einer Kritzelzeichnung, die während einer Phase der therapeutischen Regression entstand, ein Prozeßbild einer 27jährigen Patientin. (Siehe Abb. 31).

Assoziation der Patientin während des Bilddialoges: »... das ist ja so, als würde das Baby im Mutterleib sich mit sich selbst schützen...«
Die regressive Thematik, die psychodynamisch »in utero« führte, ließ ein biographisches Faktum sichtbar werden, das sich nun aktuell in der Symbolchiffre zur Integration anbot. Die Patientin wurde als Zweitschwangerschaft nur 6 Monate nach der Entbindung der älteren Schwester empfangen und war zu dieser Zeit rational unerwünscht. Die vom Wesen her aber deutlich mütterlich betonte Mutter wollte instinktiv viele Kinder und wehrte sich gegen die rationale Forderung einer Abtreibung. In der unbewußten Zeichnung überraschen die beobachtenden Augen, die ganz nach innen gewendet erscheinen und das sich mit »sich selbst« schützende Kind. Schwangerschaft und Entbindung verliefen komplikationslos. Aber der Säugling lehnte das Trinken an der Mutterbrust ab. Die Mutter mußte die Milch abpumpen, da sie sie reichlich zur Verfügung hatte. Das Leben dieses Kindes wurde später von »sozialem Auftrag« bestimmt, mit der betonten Devise: Schutz des Kindes. Dabei vergaß sie oft sich selbst. Das Bild erschütterte die Patientin sehr. Es signalisiert den schöpferischen Urbereich, der auf Entbindung ins eigene Leben wartet.

Wir müssen uns offensichtlich daran gewöhnen, daß der Mensch von dem Augenblick an, da die männliche Samenzelle die weibliche Eizelle befruchtet (siehe Bild 32, 33 und 34), Mensch *ist* und nicht erst Mensch wird.

Die jahrelange Sammlung unbewußter Bilder (und Träume) hat im Zusammenhang mit den modernen Forschungsergebnissen der Embryologie zu oft erstaunlichen Analogien geführt, die im Erfahrungsraum der psychischen Phänomenologie an neue diagnostische und therapeutische Möglichkeiten denken läßt. Den folgenden (siehe Bilder 32 bis 44) Röntgenbildern aus dem vorgeburtlichen Entwicklungsraum des Menschen im Mutterleib (siehe Abb. 33, 34) stehen spontane, unbewußte Bilddokumente zur Seite und bieten sich zur vergleichenden Betrachtung an. Die unbewußten Bilder sind alle während therapeutischer Regressionen entstanden und enthalten vielfach Signale aus dem Bereich der Selbstmatrix.

Den beiden Bildern der biologischen Empfängnis stehen zwei unbewußte Malereien gegenüber, die die im biologischen Vorgang durch das empfangende Ei dargestellte Zentrumsdynamik, ebenfalls im Kreis, bzw. in der Kugel darstellen, in die vom Rande her eine Kraft eindringt. (Siehe Abb.

34, 35). Die Ur-Teilung, d.h. die erste Teilung der befruchteten Zelle (Abb. 36) etwa zwei Tage nach der Befruchtung, wird symbolisiert in dem Bild einer 40jährigen Patientin während einer therapeutischen Regression, die eine biografisch stark komplexbesetzte Elternthematik durchbrach und das Ur-Eltern-Paar evozierte: die Ur-Dyade, oder der Elternarchetyp im Kreis. (Siehe Abb. 37). Wie frei im Raum schwebend mutet das Bild des ganz vom Amnionsack umhüllten Embryos an, der damit aber auch etwas von der primären Ganzheit des Entwurfes Mensch spürbar werden läßt. (Abb. 38).

Und wie eine symbolische Interpretation dieses biologischen Ereignisses mutet das unbewußte Bild einer 40jährigen Patientin an, die quasi über eine »ewige Nabelschnur« das geistige Sein des Menschen und seine Verbundenheit mit dem Kosmos ergänzend zur biologischen Ganzheit darzustellen scheint. (Siehe Abb. 40). Die gleiche bildhafte und symbolträchtige Sprache signalisiert das unbewußte Bild einer 42jährigen Patientin in Analogie zur Röntgenaufnahme eines 7 Wochen alten Embryos. (Abb. 41 und 42). Tief unbewußt und ganz prozeßhaft entstand das letzte unbewußte Bild, das in diesem Zusammenhang zur Darstellung kommen soll, auf dem die Hände sich wie an einem Stamm – vielleicht der innere Lebensbaum – festzuhalten scheinen und im Ausdruck erstaunlich nahe an das Röntgenbild des 5 Monate alten Embryos herankommt. (Abb. 43 und 44).

Das Mysterium der Empfängnis induziert Leben und Entwicklung durch das *Ur-Geschehen* der Gegensatzvereinigung. Die eine Zelle, die nach der primären *conjunctio* aus Ei und Samenzelle entsteht, ist ein *individueller* Organismus, der in den Chromosomen ein bereits individuell spezifisches Bezugssystem hat. Diese ursprüngliche Individualität des Keimes hat eine so starke Beharrungstendenz, daß alle späteren Entwicklungsschritte bis zum vollständigen Organismus im Grunde Modifikationen von anfänglich bereits Vorhandenem darstellen[5, 6, 7].

Auf die in diesem Zusammenhang besonders interessanten und in ihrer Bedeutung weitreichenden Beobachtungen des Internisten und Psychotherapeuten Gunter Clauser zur »vorgeburtlichen Entstehung der Sprache« soll hier nur hingewiesen werden[8]. Er geht von der Arbeitshypothese aus, daß die Sprache auf eine intrauterine Lernprägung zurückzuführen sei. Dies wirkt einleuchtend, wenn man weiß, daß das akustische Leitungssystem bereits im sechsten Schwangerschaftsmonat voll entwickelt ist. Der

Embryo hört die Körpergeräusche der Mutter, ihre Stimme und natürlich auch alle Umgebungsgeräusche. Jedenfalls muß man nach dem Stand der heutigen Erfahrungen annehmen, daß jede »Objektbegegnung« im weitesten Sinne Gedächtnisspuren hinterläßt, die die späteren Funktionen der Psyche beeinflussen. Die tiefenpsychologische Frühdiagnostik im Raum der analytischen Anamnese, wie aber auch der therapeutischen Interaktionen bei Sprach- und Sprechstörungen, wären von diesen Überlegungen her für die Prozeßphasen der therapeutischen Regression besonders wichtig.

Die unbewußten Engramme gesetzmäßiger Abläufe auf dem Wege der Bewußtseinsentwicklung des Ich antizipieren die spätere Bewußtseinsfähigkeit kognitiven Erfassens von dynamischen Zusammenhängen, antizipieren ebenfalls die Fähigkeit zur Abstraktion, zur Wiederholung und zur Konstruktion. Die immanenten endogenen Strukturelemente des psychosomatischen Lebens sind die archetypischen Dominanten, um »Chaos«, das heißt Ungeformtes, schöpferisch zu gestalten. Aus dem Selbst als innerem Zentrum der Psyche wird die Dynamik des Erkenntnisdranges in Bewegung gesetzt.

Überall in den großen seelisch-religiösen Projektionsbildern – zum Beispiel den Mythen als schöpferisch geistige Bilddokumentationen – geht ein göttliches *Sein* der Gestaltung der Materie als einer Evolution voraus. Und immer ist es die *Teilung* – ebenso wie die Primärfurche bei der Teilung der befruchteten Eizelle – die aus dem »vor aller Zeit unendlich Seienden« das *Werden* entstehen läßt. Auch im christlichen Schöpfungsmythos ist zunächst nur Gott da – »von Ewigkeit zu Ewigkeit« – in einem Kontinuum des Seins. Mit dem Wort: *Es werde* – beginnt die Evolution[9].

Das primär vorhandene Entwicklungs*potential* der psychischen Ganzheit muß also eine ganz ungewöhnliche Vitalkraft besitzen, denn die fast unerschöpfbar anmutende Regenerationskraft der Gesamtpsyche, die immer wieder – auch für das individuelle Ich-Bewußtsein – zur Verfügung gestellt wird, die aber auch aus der allgemeinen Bewußtseinsentwicklung der Menschheit abzulesen ist, legt die Vermutung nahe, daß die psychische Matrix des Selbst eine unverletzbare Tiefenschicht der Gesamtpsyche darstellt. Von diesem innerpsychischen Kontinuum her lassen sich zum Beispiel die vom Ich-Bewußtsein her gefundenen Begriffe und Vorstellungen wie: Dauer, Ewigkeit und Unendlichkeit, aber ebenso auch von Treue, Sicherheit, Geborgenheit und Vertrauen verstehen. Sie sind psychologisch betrachtet als Projektionen aus einer das raum-zeitlich begrenzte Ich überragenden und umgreifenden Instanz zu verstehen. Hier ist auch der psychische Initialraum der Gotteserfahrung zu suchen, aus dem der Weg in das transzendente Erlebnis der Ganzheit führt. Das *Außer-Ordentliche* dieser psychischen Seins-Erfahrung zeigt seine Wirkung in allen meditativen Wegen, die – über die Selbsterfahrung – eine Gottes-Erkenntnis ermöglichen sollen.

Von dieser Voraussetzung her wird zum Beispiel die Psychologie der »unverwundbaren Kinder« verstehbar. Hierbei handelt es sich um Untersuchungen bei Kindern, die unter den schwierigsten Lebensumständen aufwuchsen und sich dennoch zu »gesunden, kreativen und leistungsfähigen Menschen« entwickeln konnten. »Es ist faszinierend«, erklärt der amerikanische Psychologe Norman Garneezy, »diese Kinder verstehen es, aus wenig viel zu machen. Nach starken Belastungen sind sie sofort wieder auf den Beinen. Sie haben das Leben einfach voll im Griff.«[10]

Von diesem Blickpunkt her bekommt aber auch das Thema der Abtreibung eines Embryo eine Entscheidungsbasis, die mehr umfaßt als juristische, medizinische oder soziale Indikationen. Hier ist ein Komplex aufgerufen, der die Individualität der Ich-Instanz ebenso auffordert wie die Ganzheit der Persönlichkeit. Ganz ohne Zweifel – wie immer wieder aus den Dokumenten des Unbewußten feststellbar – muß die »moralische Entscheidung« für eine Abtreibung von einer werdenden Mutter *vorher* bewußt gefällt und der immanente Schuldfaktor zwischen dem Ich und dem matriarchalen Archetyp als ein nur über lange Zeit hin allmählich integrierbarer »Lebensmord« bearbeitet werden. Auch die Legalität und die »saubere medizinische« Durchführung befreit nicht vom Mythologem des Todes. Die Folgen der unbewußten Verdrängung der Schuld – G e f ü h l e sind massive Ängste in allen Variationen, beziehungsweise symbolische Symptomäquivalente. Dabei kommt es nicht darauf an, *ob* eine Abtreibung durchgeführt wird oder nicht, sondern auf das *Wie*, auf den »Gefühlston«, der die rational vielleicht richtige Entscheidung in jedem Fall begleitet und von allen Beteiligten, auf den Vorgang Bezogenen *bewußt* integriert werden sollte. Das Bewußtsein läßt sich relativ leicht überzeugen und ist nicht selten von zweifelhafter oder fragiler Moralität. Das Unbewußte dagegen mit der auf End-Gültiges bezogenen Selbstinstanz läßt sich nicht betrügen und konfrontiert immer mit der Wahrheit der Gesamtpersönlichkeit. Diese ist auch fähig, aus Notwendigkeit Schuld als moralische Leistung auf sich zu nehmen – wo läge sonst der Sinn des: »Und vergib uns unsre Schuld«. Das Ich-Bewußtsein dagegen rettet sich allzu schnell in Verdrängungsmechanismen und projiziert dann alle Schuldgefühle auf die Umwelt.

Von der Annahme einer urtümlich vorhandenen religiösen Tiefenschicht her ist es auch sehr interessant, die Inhalte mancher psychotischer, aber auch vieler Borderline-Zustände und paranoider Bilder zu betrachten, die sich ausdrücklich mit religiösen, beziehungsweise mythologischen Themen der Ganzheit beschäftigen. Im Gegensatz zum Zwang, bei dem eine extrem eingeengte Überspitzung des Ich-Bewußtseins zu einer Abspaltung von den Wurzeln des Unbewußten führt, das sich lediglich in ritualisierten und damit bereits zum starren Zeichen gewordenen ent-dynamisierten Symbolen nachweisen läßt, kommt es psychodynamisch bei der Psychose im regressiven Einbruch zu einem Ich-Bewußtseins-Verlust, wobei im allgemeinen vor allem und zuerst die urteilenden Ich-Funktionen (Denken und Fühlen) absinken, während die Wahrnehmungsebene (Empfinden und Intuieren) im Bewußtseinsfeld meist erhalten bleibt. Die Wahrnehmung aber wird energetisch in jeder Weise aufgebläht und überschwemmt, indem sich individuelle Bewußtseinsreste mit archaischen Metaphern aus den Menschheitsmythen verbinden und magisch-dämonisch die einzelnen Bewußtseinsinseln besetzen, das Ich. Die Dissoziation im Beziehungsfeld zwischen dem Ich und dem Selbst verschiebt die autonome Gegensatz- und Kompensationsdynamik zu dystonen und einseitigen Libidoaufladungen. Abspaltungsphänomene und Besessenheit sind die Folge.

Wie die Erfahrung in Klinik und Praxis, vor allem aber auch im Bereich der Kinderpsychotherapie zeigt, vermittelt die dynamische Selbstsymbolik Schutz-, Warn- aber auch Todessignale, da in das Thema der Ganzheit auch der Tod mit hineingehört. Es kann vom Schicksal her eben auch einmal bedeuten, daß der Tod für die Aktualität eines Individuums die alleinige Ganzheit bedeutet, weil diesseitiges Leben keinen Sinn mehr enthält. In einer solchen Situation gibt es kein Darüberhinaus und in manchen Fällen auch kein Zurück mehr. Das sind die Patienten, die ihre Suizidalität entweder verschweigen oder auch bei allen Verhinderungsversuchen die Abwehrfront durchbrechen. Vielleicht vollzieht sich hier tatsächlich das »Mythologem der Geburt im Tode« (siehe Narzißmus) in einem allerdings für das westliche Bewußtsein nur sehr schwer oder gar nicht erfaßbaren Mysterium. »Er ist aus sich herausgetreten« – ist eine im östlich-geistigen Bereich mühelos verstehbare Formulierung. Damit aber mündet sie auch in einen religiösen Raum, der frei ist von Schuld und Moral. Das Ereignis bleibt individuelles Schicksal.

Wenn sich aber in unserem Kulturraum der Sohn mit der Dienstpistole des Vaters erschießt, der Sohn eines Bahnbeamten sich von den Rädern einer Lokomotive köpfen läßt, die Tochter eines Lehrers sich in den leeren Schulräumen aufhängt, oder die Tochter eines Pfarrers ihre Kinder tötet und im Drogenrausch zugrundegeht, dann erfaßt das Menetekel von Schuld und Verstrickung nicht nur die nahen Bezugspersonen, sondern die Hierarchie einer ganzen Sozietät.

Das Selbst als Chiffre für die Ganzheit enthält das Wissen um die Ur-Formen des Daseins. Es enthält die Symbole des Anfangs, des Werdens und des Endes. »Alles Seiende, alles urtümliche Dasein ist eine Selbsterkenntnis und Selbstdarstellung ...« liest man bei E. Dacqué, und er spricht von der »zeitlosen Einheit« und der »Polarität mit ihrem inneren Rhythmus ...«[11]

Es ist also legal und psychologisch vertretbar, wenn beim Umgang mit dem Thema ein Grenzbereich entsteht, der das geistige Begegnungsfeld von Theologie und Psychologie sichtbar werden läßt. »Da die Gottheit sich in sich selbst erkannte, wurden diese Urpole ihrer selbst bewußt und so trat das Männliche und das Weibliche der Gottheit sich gegenüber.«[11]

Aber auch in den Neurosen und besonders beim Kind, das mit seinem jungen Ich dem psychischen Selbst-Raum noch sehr viel näher ist, vor allem aber noch weniger von dem so bestimmenden Kollektivbewußtsein (Über-Ich) verbogen ist – sehen wir im Behandlungsprozeß recht häufig das Auftauchen »numinoser« Inhalte, in denen in manchmal überraschender Weise die verlogenen Scheinangebote von Geborgenheit und Zusicherung aus der Erwachsenenumwelt entlarvt und statt dessen aus den eigenen inneren Zentren kompensatorisch Ganzheitsbilder angeboten werden.

»MICHAEL«

In diesem Zusammenhang ist das Protokoll eines neunjährigen Jungen – Michael – mit der Symptomatik: stärkste Ängste, Schulversagen, große allgemeine Unruhe, schwere Kontaktstörungen, Schlafstörungen, vor allem die immer wieder auftauchende Angst, daß die Mutter sterben könnte, besonders eindrucksvoll.

Aus der Anamnese als wichtigste neurotisierende Fakten: Ein ungewolltes Kind, die Mutter machte einen Abtreibungsversuch, die Ehe wurde geschieden, als der Sohn etwas über zwei Jahre alt war – also auch ein »Narzissus«, der praktisch ohne Vater aufwuchs.

Gleich zu Beginn unserer Begegnung zeigte sich ein phänomenologisch auffallender Gegensatz:

Das Kind wirkte sehr abweisend, mit blassem, unkindlich ernstem Gesichtchen. Es zog seinen Mantel nicht aus, vermied jeden Blickkontakt und sprach nur sehr leise und bruchstückhaft. Im Gegensatz dazu war er nach kurzer Zeit eifrig und mit großem Geschick im Sandkasten tätig. Mit schnellen, lebhaften Bewegungen griff der Junge nach allen aggressiven Tieren: den großen Haien mit weit aufgesperrten Rachen, den Krokodilen, Riesenameisen, Riesenspinnen, Schlangen und Urtieren. Er vergrub alle diese Tiere tief im Sand und sagt: »Das ist das Meer.«[12]

Die Kontaktfreude an dem Material ist angstfrei und selbstverständlich. Die erstaunliche Ansammlung gefährlicher Potentiale in der Delegation auf mehr oder weniger unheimliche Tiere läßt auf ein erhebliches Energiezentrum schließen, das »versteckt« in der Tiefe sein Wesen treibt. Die Angstsymptomatik des Kindes erfährt in diesem »Bild« gewissermaßen eine Form der Fokus-Lokalisation. Der Vorgang des »Vergrabens« schafft aber nicht eine Nekropole, sondern über die Symbolverwandlung: »Das ist das Meer« – einen Ort unsichtbaren Lebens. Wie ein kleiner Schöpfer-Gott sagt er nicht logisch: das bedeutet – sondern nach dem uralten Schöpfungswort: das *ist*.

Dann läßt er eine ganze Pferdeherde ins Meer laufen und kommentiert: »Die werden jetzt alle von unten her angefressen, bis sie unter das Wasser sinken.«

Was für ein Mut für ein Kind, sich mit dieser dämonisierten *Abspaltung* – dem fressenden Todesschoß der großen Muttergöttin – zu konfrontieren, der nicht mehr Fruchtbarkeit und Leben, sondern Ausweglosigkeit und Ende beinhaltet!

Als wäre er vom eigenen Bild erschrocken und gebannt, steht er eine ganze Weile davor und sagt dann plötzlich: »Warum muß ich eigentlich leben? Wer will das eigentlich?«

So elementar wird hier vom Kind – dem eigentlichen Weisen dieses Jahrhunderts – die Frage nach dem Sinn gestellt. Wie tief muß die nur nebelhaft erkennbare Sehnsucht nach der fraglosen Geborgenheit und gleichmäßigen Schoßwärme abgedrängt sein, und statt dessen die kalte Angst den Lebenshorizont bestimmen. Hatte das Kind doch hier die wahrlich ungeheuerliche Tiefendimension seiner Bedrohung in drastischer Weise dargestellt. Dies war umso eindrucksvoller, als die Mutter zur Zeit dieser Vorstellung in der Kinderpoliklinik wegen eines akuten psychotischen Schubes in die Klinik eingewiesen worden war.

Als er gefragt wurde, wem denn die Pferde gehören würden, meinte er: »Niemandem.«

Um zu erfahren, wie weit in diesem Kind symbolisierende Energien für das Bewußtsein abrufbar sind, wurde er gefragt: »Gibt es denn da keine Hilfe?« Wieder überlegte er eine ganze Weile. Er wirkte dabei völlig in sich versunken, nachdenklich – aber im Gegensatz zu der Anfangssituation jetzt lebendig, beteiligt und dual bezogen. Entschlossen antwortete er dann: »Da kann nur Gott helfen.« Und wieder begann er lebhaft zu handeln: Er nahm den großen Farmwagen mit den vier Pferden, setzte den Bauern darauf, gab ihm eine Peitsche in die Hand und sagte: »Der fährt jetzt da hin und holt sie alle raus und tut sie auf seine Weide, und da haben sie Freiheit und« – mit einem tiefen Aufatmen – »er beschützt sie auch.« Sehr befriedigt und ganz entspannt verabschiedete er sich, diesmal mit Handschlag – und konnte mit diesem tief- aber auch hochreichenden Innenentwurf in die nicht leichte Prozeßarbeit einer Behandlungssituation entlassen werden.

Es wird also etwas in Bewegung gesetzt, oder eben umgesetzt: Der Wagen als tragfähiges und auch schützendes Element ebenso wie die gelenkten und gezielt einsetzbaren vier Pferde, die dem phallischen Peitschensymbol gehorchen – und dem *Mann*, der offenbar »im Auftrag Gottes« das dämonisierte, gefährlich Gewordene zu bewältigen vermag. Freiheit und Schutz, die schönsten Leitsymbole für das Werden eines Kindes – man könnte vielleicht auch sagen: Grenze und Raum – sie werden vom Kind intuiert und spontan aus seiner eigenen schöpferischen Tiefe geboren.

Der »schöpferische Vatergott« als Einfall des Kindes dringt in die Verbalisierung – »da kann nur Gott helfen« – kompensiert aus der psychischen Ganzheit des Selbst heraus die negative Dominanz des matriarchalen Archetyps, der mit der großen Rückholgebärde in den Todesschoß hinein das Ich aus der patriarchalen Bewußtseinssituation verdrängen möchte. Die männliche Ganzheit wird hier erfahrbar, und die Dissoziation zwischen den Mächten der Tiefe und der Höhe wird zugunsten von Freiheit und Schutz aufgehoben.

C.G. Jung schreibt über diese ganzheitliche Thematik: »Einheit und Ganzheit stehen auf der höchsten Stufe der objektiven Wertskala, denn ihre Symbole lassen sich von der imago dei nicht mehr unterscheiden. Alle Aussagen über das Gottesbild gelten also ohne weiteres für die empirischen Symbole der Ganzheit. Die Erfahrung zeigt, daß die individuellen Mandalas Ordnungssymbole sind, weshalb sie bei Patienten hauptsächlich in Zeiten psychischer Desorientierung bzw. zur Neuorientierung auftreten. Sie bannen und beschwören als Zauberkreis die gesetzlosen Mächte der Dunkelheit und bilden eine Ordnung ab oder erzeugen eine solche, welche das Chaos in einen Kosmos verwandelt. Dem Bewußtsein stellt sich das Mandala zunächst als punktförmige Unscheinbarkeit dar, und es bedarf in der Regel langer und gründlicher Arbeit und der Integration vieler Projektionen, bis der Umfang des Symbols annähernd vollständig eingesehen wird.«[13]

DIE DYNAMIK VON REGRESSION – PROGRESSION – INTEGRATION

Bei solchen Erfahrungsmitteilungen werden oft wesentliche Inhalte überlesen, stark wirksame Worte aber bleiben im Gedächtnis. »Symbole der Ganzheit« sagen etwas über die psychische Dynamik der Ganzheit aus – sind sie aber nicht selber, und ihre Beziehungsdynamik in einem Bild, zum Beispiel in einem Traumbild, deutet auf den jeweiligen Sinn für das Ich-Bewußtsein hin. Gerade diese Beziehungsdynamik wird häufiger außer Acht gelassen zugunsten einer statischen Inhaltsdeutung. Den Unterschied zwischen statischem und dynamischem Lesen kann man besonders in der Wissenschaft beobachten. In statischer Sprache ist man ein Ich oder ein Selbst, oder hat es. Dynamisch betrachtet aber besteht eine wachsende Beziehung zwischen dem Ich-Bewußtsein und der Selbst-Instanz, wodurch eine natürliche Spannung und Gefälle-Situation entsteht und besteht. Einmal ist es ein Zustand, der je nach Betrachtung entweder existiert oder auch nicht existiert. Von der dynamischen Betrachtung her ist es aber immer ein schöpferischer Prozeß. *Procedere* heißt in der Wirkung immer Veränderung oder Wandlung. Besonders im wissenschaftlichen Forschungsraum ereignet sich die so oft zu beobachtende Identifikation mit dem Modell, und man praktiziert die Theorie. Dabei bleibt man selber außerhalb des Geschehens wie der Zuschauer im Parkett, der das Drama analysiert und kritisiert, aber nicht teilhat am Leiden. Sich mit dem Drama selbst zu konfrontieren und es in der Rücknahme aller Projektionen selber in der inneren Dynamik zu erfahren, heißt: die Dunkelheiten hinter allem Licht zu wissen, heißt, nicht nur ein Gottes*bild* in seiner Signatur zu erkennen, sondern vom geistigen *Sein* etwas erfahren zu haben – einschließlich all dessen, was wir das Böse nennen.

Für die Beobachtungen in der Psychodynamik hat sich die Arbeitshypothese einer dynamischen primären Selbst-Instanz, die strukturierend und regulierend der jüngeren Ich-Instanz gegenübersteht, als fruchtbar erwiesen. Unter diesem Betrachtungsaspekt konnte vor allem die Psychodynamik der Regression und Progression mit ihren positiven und negativen Möglichkeiten im dialektischen Prozeß erfaßt werden. Die Diagnostik der

Regressionsphänomene im Symbol und Symptom konnte dabei zunehmend differenziert werden, so daß sich daraus allmählich eine Verbindung zwischen Theorie und Behandlungstechnik entwickeln konnte. Hierbei entstanden Begriffe wie: Regressionsangebot, Protektion spontaner Regressionen, unbewußte Regressionssperren durch Warnsymbole, beziehungsweise abnorm ich-ferne Symbole oder Komplexannäherungen. Diese Arbeitsergebnisse aus dem Umgang mit den Symbolsignaturen des Selbst stellen eine wichtige Basis dar für das Verständnis der symbolischen Phänomenologie und das Beziehungsfeld der therapeutischen Regression.

»SYBILLE«

Gerade innerhalb therapeutischer Prozeßverläufe kann man beobachten, wie unmittelbar die integrative Wirkung zwischen Symptom und Symbol eintreten kann[14]. Es soll daher versucht werden, dies an einem Beispiel zu verdeutlichen. Es handelte sich dabei um ein siebenjähriges Mädchen, das aufgefallen war, weil der Schulreife-Test bei ihm nicht durchgeführt werden konnte.

»Anamnestisch war zu erheben, daß das Kind erst nach 30stündigem Entbindungsvorgang zur Welt gekommen war. Die Mutter als Erstgebärerin hatte das als schweren Schock erlebt. Sie konnte sich lange nicht davon erholen. Sie hatte das Baby auch nicht stillen können und fand sich nur mühsam mit der Pflege zurecht, wodurch sie sich in ihrer mütterlichen Position sehr gemindert fühlte. Sie regredierte immer häufiger in ihre körperliche Schwäche und ließ sich von der eigenen Mutter und der Schwiegermutter vertreten.

Dennoch hatte sich das kleine Mädchen – zumindest für die Seelenoptik der Mutter – recht normal entwickelt. Das änderte sich aber spontan, als nach fünf Jahren ein Schwesterchen geboren wurde. Unglücklicherweise kam es mit einer schweren körperlichen Anomalie zur Welt. Erneut erlebte die Mutter einen schweren Schock, der zusätzlich durch die nun tatsächlich über ein normales Maß hinaus belastende Pflege erschwert wurde.

Es war also sehr gut zu verstehen, daß die kleine Sybille ein großes Bedürfnis entwickelte, auch noch einmal die volle und ausschließliche Zuwendung durch die Mutter zu erfahren und sich dadurch in einer fast unüberwindlichen Rivalitätssituation mit der kleinen, hilflosen Schwester befand.«

Sybille wurde einer psychotherapeutischen Kinderbehandlung zugeführt und brachte ein Symptom auch in den therapeutischen Spielbereich, das bereits seit Monaten zu Hause schon ein erhebliches Ärgernis hervorgerufen hatte: Das Kind spielte fast ausschließlich nur Baby. Dabei kam es zwar zum Wechsel der Rollenverteilung, nicht aber zu einem Wechsel des Inhalts. Die ausschließliche und anhaltende Monotonie des Spiels ließ darauf schließen, daß das darin enthaltene, verborgene Symbol vielleicht nicht erkannt worden war. Sowohl zu Hause als auch in der Behandlung wurde das »ewige Babyspiel« als Bedrängung und Überforderung erlebt und nur mit großer Anstrengung ertragen. Die Regression blieb ja tatsächlich auch immer wieder an der gleichen Stelle hängen und überschritt weder die Schwelle in einen tieferen Bereich des heilen Archetyps – also zum Beispiel in eine neue Empfängnissituation –, noch tauchten die positiven Symbole auf, die die Progression anzeigen würden. Die in der Behandlung angebotenen Deutungsversuche auf unerfüllt gebliebene Wünsche, auf die Situation des Schwesterchens, waren ohne Antwort und ohne Symboländerung geblieben. Die verbale Deutung von Spiel und Verhalten hatte offenbar den Symbolcharakter nicht getroffen.

Was war nun im oben geschilderten Fall zu tun, um das schwere Störfeld zu beheben? Es wurde empfohlen, zur nächsten Stunde eine Tafel aufzustellen, auf der ein gut sichtbarer Kreis und in dessen Mitte eine ebenso deutlich sichtbare kleine Kugel (Punkt) gezeichnet werden sollten. Das Kind reagierte spontan mit der Frage: »Was ist das?« Die Behandlerin antwortete: »Meinst Du, daß die kleine Kugel aus der großen Kugel herausfinden kann?« Das Kind blieb lange nachdenklich stehen und meinte dann: »Dann muß sie sich aber bewegen.« Es wurde ihm bestätigt. Wieder nach längerer Zeit sagte das Kind: »Vielleicht will die kleine Kugel jetzt gar nicht aus der großen Kugel heraus.« Auch dieses wurde nur bestätigt. Daraufhin wendete sich das Kind an die Behandlerin, setzte sich neben sie und bat sie, ihm eine Geschichte zu erzählen.

Zur Symbolik des Kreises ist zu sagen, daß es wohl das weitverbreitetste Motiv in der Welt- und Menschheitsgeschichte ist. Man findet es schon unter den Felszeichnungen der Steinzeit. Die magische Wirkung des Kreises kann in fast jeder Gruppensituation beobachtet werden, wo man sich – um den anderen im Blickfeld zu haben – oft unbewußt im Kreis versammelt. Der Kreis symbolisiert die Ganzheit in vollständiger Weise. C.G. Jung weist gerade darauf hin, daß der Kreis, der ja meist in Mandala-Form in den Träumen, aber auch in vielen anderen Formen oft ganz verschlüsselt auftauchen kann, vom Archetyp des Selbst her konstelliert wird, wenn die Un-Ordnung das Bewußtsein bedroht.

Obwohl hier der Kreis und der Punkt als Zeichen auf der Tafel erscheinen, erfährt das Kind sie in ihrer dynamischen Symbolik und »als beruhigende Antwort auf seine verzweifelte Symbolsperre«. »Die kleine Sybille warb ja offensichtlich um einen in seiner Aktualität nicht mehr zu realisierenden Seinszustand, ohne daß das Ich über den Komplex der Sehnsucht, noch einmal die ungestörte duale Union zu erleben, hinauswachsen konnte. Das Kind erlag immer wieder der Faszination des täglich erlebten Bildes der totalen Fürsorge bei dem schwer geschädigten Schwesterchen. Es mußte Baby spielen, weil es zu groß war, um als Kleines geliebt zu werden und zu klein, um seine Realität als Schulmädchen leisten zu können. Rückwärts und vorwärts waren die Energien zum Stillstand gekommen. Neben möglichen Rivalitäts- und Liebeswünschen war vor allem die Situation der in einer bestimmten Phase Festgehaltenen bei ihr psychisch fixiert, wobei die stark verlängerte Geburtsphase hierin bereits einen Vorläufer als Früh-Engramm anbot.

In diesem Fall hatte die eindrucksstarke Symbolsprache einen festgefahrenen Mechanismus unterbrochen und bei dem Kind das ichhafte Wort ›Erzähl mir eine Geschichte!‹ auf den Plan gerufen. Die symbolische Zusicherung der Geborgenheit im Uterus der Behandlungssituation hatte für diese Stunde die Progression in eine andere Ebene ermöglicht.

Bezeichnend für das unmittelbare Angesprochenwerden vom Symbol her war die Wahl des Märchens durch das Kind: Die Sterntaler[15]. Es ist die Geschichte eines Kindes, das Vater und Mutter verliert, sich auf den Weg macht und unterwegs alles, was es mitbekommen hat, weggibt, – bis es tief im Wald in der Dunkelheit, also im heilen matriarchalen Raum, von den Sternen des Himmels – Licht ist ja unter vielen anderen Bedeutungen auch immer ein Hinweis auf das Bewußtsein – ein neues Gewand und den Schutz des Lebens erhält.

So wie das Kind hier wohl seine Welteinsamkeit erlebte – seine Verlassenheit und Ungeborgenheit, die lebensgeschichtlich tatsächlich durch ein unverständiges Elternpaar konstelliert war – so deutlich zeigte sich aber auch amplifikatorisch eine anlagemäßig gegebene vitale und potentiell reiche Möglichkeit, sich der Energien aus dem archetypischen Wurzelgrund zu bemächtigen mittels des symbolischen Märchenbildes. Da konnte das mitgebrachte Alte überwunden werden – im Wegschenken –, um Neues zu erhalten durch die Erweiterungsebenen des Bewußtseins.

Die Bedeutung und Deutung ist hier unmittelbar vom Symbol her verbalisierbar. Über diese Bilder kann man mit dem Kind sprechen wie über einen Traum. Es hatte sich ja mit dem selbstgewählten Märchen tatsächlich in Bewegung gesetzt, es konnte seine anamnestisch bedingte Sehnsucht, immer als Säugling an der Mutterbrust zu hängen und seinen Anspruch auf Haben-Müssen transzendieren. Die Möglichkeit der positiven Regression in den heilen Bereich des Archetyps war nun eröffnet worden. Die wichtige und im Symbol enthaltene Zusicherung war nämlich: das Kleine wird nicht mehr festgehalten, sondern nur so lange geborgen, bis es sich selber bewegen will.«[16]

DER TRAUM VOM KREIS

Unter Regression verstehen wir psychodynamisch: Rückstrom der psychischen Libido aus der Ich-Instanz, anders ausgedrückt: sich zurückziehen in den geistigen Ahnenraum der seelischen Entwicklung bis zu den archaischen Wurzeln, die jeder Mensch in seiner tiefsten Matrix in sich trägt. Archaisch ist damit nicht gleichzusetzen mit primitiv im Sinne einer Wertung, sondern von urtümlich im Sinne des noch nicht Geformtseins.

Das phänomenologisch Gemeinsame ist im symbolischen Bild die Vereinigung eines Gegensatzes als eigentliches Wesen der Ganzheit. Auch das Traumbild führt zu den zentrifugalen oder zentripetalen Kräften des kollektiven Unbewußten.

Zum Vergleich mit der oben geschilderten Protokollnotiz aus der Behandlungsstunde eines kleinen Mädchens, soll hier nun aus der Behandlungsakte eines 25jährigen jungen Mannes eine Innendokumentation (Traum) zur Darstellung kommen. Es handelte sich um einen Sohn einfacher Bauern, bei denen er nicht anders groß geworden war, als die Tiere im Stall: Dumpf, zweckbezogen, als Arbeitsfunktion – aber eingebettet in die Natur und von daher auch natürlich ihrem strengen Gesetz untergeordnet, wie ein Weizenkorn. Nach dem recht mühsam beschlossenen Schulweg aber gaben die Eltern ihn in eine Lehre, damit er etwas Besseres würde – oder, weil der Vater seinen baldigen Tod ahnte. Er war in einer großen Fabrik angestellt, eine Nummer unter anderen Nummern, dessen Funktion gebraucht wurde, dessen Menschsein keine Rolle spielen durfte. Aber auch in ihm wird die ewig gültige Bildwelt aus den Kryptogrammen archetypischer Strukturen sichtbar und erlebbar. Immer wieder kann man beobachten, daß der Innenprozeß das Geschehen der Objektwelt kompensiert und einen Sinn enthüllt, der das Subjekt zu seinen eigentlichen Wurzeln hin orientieren kann.

Der junge Mann litt unter massiven Ängsten, besonders in der Gruppe, und war dadurch in seiner sozialen Lebenssituation schwer behindert. Seine äußerst gehemmte Aggressivität hatte immer wieder zu suizidalen Tendenzen geführt oder zu mörderischen Phantasien, die ihn zutiefst erschreckten: Jemanden mit dem Motorrad totfahren, mit einem Beil erschlagen, tottrampeln, oder so lange mit dem Kopf gegen eine Mauer schlagen, bis er zu Brei wird.

Eines Tages berichtete er folgenden Traum:

»Ich sitze mit anderen Männern im Kreis. Alle schweigen und schauen auf etwas, das in der Mitte zu sein scheint. Ich kann es zunächst nicht erkennen. Hinter mir sitzen, um uns herum, Frauen. Ich weiß nicht, ob sie nur die Augen geschlossen haben, oder blind sind. Von ganz außen her ist irgend eine schreckliche Bedrohung, Feinde oder wilde Tiere. Ich bin wie gelähmt vor Angst. Und dann weiß ich plötzlich, daß in der Mitte ein heiliger Stein liegt, der uns alle beschützt und daß ich das erfahren soll. Daß ich darum im Kreis bin und daß in den Kreis keine Gefahr eindringen kann.« (Siehe Abb. 44 bis 47).

Diese Bilder zeigen sowohl den rituellen Tanz als religiös-meditative Form von Konzentration und Beherrschung des Körpers (siehe Abb. 44), aber auch als magisches Ritual im Kreis um den symbolischen Lebensbaum, um durch Meditation Abhängigkeiten des Bewußtseins zu durchbrechen und in religiös-geistiger Hinwendung individuelle Unabhängigkeit zu gewinnen. Das Bild zeigt eine Voodoo-Zeremonie. (Siehe Abb. 45). Auf dem nächsten Bild, das aus dem Unbewußten aufgestiegen ist, zeigt sich die Kreisdynamik als Spirale mit deutlicher Innenbetonung und farblich leuchtendem Weg nach innen, als Suche nach Konzentration. Die Bewegung geht aber auch, eben als Spiralbewegung, nach außen in das dynamische Umfeld, um nicht in eine Einseitigkeit oder Isolation zu führen. Wie selbstverständlich die Kreissymbolik als Ganzheitsmatrix erscheint, zeigt auch das folgende Bild eines Kirchenplakates mit dem »heiligen Kind« in der Mitte in einem Lichtzentrum. Die Ganzheitschiffre heißt hier: Conjunctio, Empfängnis, Schwangerschaft, Entbindung: Der Weg vom Ganzheitszentrum, psychologisch vom Selbst zum Ich – vom Ich-Bewußtsein zum Selbst. (Siehe Abb. 47).

Der Traum wird stockend, langsam, mit großen Pausen berichtet – so als müßte er jeden einzelnen Satz erst von diesem Bild abheben und ablösen.

Gerade mit dem deutlichen Signalhinweis auf die Mitte – der Stein im Kreis – tritt eine schon im Traum wahrnehmbare Bewußtseinserweiterung ein: »Ich weiß plötzlich ...« Die Annäherung an das Zentrum führt also gleichzeitig dem Ich Energien zu. Es werden außerdem zentrale Gegensätze in einfachste Signale gefaßt: Mitte und Peripherie des Kreises, männlich und weiblich, die Gruppe und der einzelne, Bedrohung und Schutz, Sehen und Nicht-Sehen, Wissen und Nicht-Wissen. Interessant dazu ist eine Bemerkung von C.G. Jung, die sich eben darauf bezieht, daß die Traumsignale in starkem Maße Lebenshilfen sein können, wobei zur umfassenden Kreissymbolik das Bild der Gruppe als besonders dynamisches Symbol hinzugenommen wird. Gerade dieser Traum vermittelt beispielhaft, wie stark und beruhigend, zentrierend und eben auch bewußtseinsfördernd die ordnende Zentrumssymbolik wirken kann.

Es ist verstehbar, daß C.G. Jung formulieren konnte, daß die »unvermeidliche psychologische Regression in der Gruppe zum Teil wenigstens aufgehoben wird durch den Ritus, das heißt, die kultische Handlung, welche die feierliche Darstellung der heiligen Taten und Geschehnisse zum Zentrum der Gruppentätigkeiten macht und die Menge damit verhindert, in unbewußte Triebhaftigkeit zurückzufallen. Dadurch, daß die kultische Handlung das Interesse und die Aufmerksamkeit des einzelnen beansprucht, ermöglicht sie es diesem, auch in der Gruppe ein relatives Einzelerlebnis zu haben und damit einigermaßen bewußt zu bleiben. Fehlt aber die Beziehung auf ein Zentrum, das vermittels seiner Symbolik das Unbewußte ausdrückt, so wird unweigerlich die Massenseele zum faszinierenden Mittelpunkt und zieht alle einzelnen in ihren Bann. Daher sind Menschenanhäufungen stets die Brutstätte psychischer Epidemien.«[18].

Man könnte zu diesem Traum auch einen Pubertätsritus amplifizieren, ein Ereignis, das für diesen jungen Mann ahnungsweise vielleicht in frühen Kirchenbesuchen gegeben war. Zumindest erlebte er sich in diesem Traum als geschützter einzelner in der Gruppe und begann dieses als Möglichkeit auch für seine Außenrealität im Berufe zu ahnen. (Siehe Abb. 44, 45).

Dieser junge Mensch wußte nichts von Selbstsymbolik oder Persönlichkeitsentwicklung. Er war aus seinem natürlichen kulturellen Zusammenhang herausgefallen in eine technisch abstrakte Dingwelt, in der er gerade mit seiner kindhaft gebliebenen Seele die Sehnsucht entdeckte, Mensch sein zu dürfen, indem sich die archetypische Chiffre des Familiengefüges verwirklichen konnte. Seine Angst war die der Bewußtwerdung und damit einzeln zu sein, allein zu sein mit der Materie, bevor er noch die Entbindung aus der »mater« vollzogen hatte. Das Geworfensein in ein fremdes Leben, dem sein Ich nicht gewachsen war, hatte ihn zu einer neurotischen Symptomatik aktiviert. Die Tiefe der Traumsymbolik erreichte ihn unmittelbar, so wie man es häufig beobachten kann, wenn der therapeutische Regressionsweg in die Nähe der Selbstthematik vorstößt. »Das ist gut, so im Kreis von Männern. Da fühle ich mich nicht schwach (er kann noch nicht sagen: ich fühle mich stark). Früher bin ich auch in die Kirche gegangen (das Wort *heilig* hatte diesen Einfall hervorgerufen). Aber da fühle ich mich jetzt fremd.« Es ist Trauer zu spüren, daß er diesen Ort, »der meines Vaters ist«, nicht mehr als Identifikationsweg aufsuchen kann. (Siehe Abb. 47).

Die Bildstärke dieses Traumes wurde von dem Patienten wie ein »wertvoller Besitz« erlebt. Er fühlte sich dadurch aufgewertet aus dem eigenen Inneren und konnte sich die Erkenntnis der Bedeutung selber zuordnen. Er fühlte sich aus sich selbst heraus beschützt und in der Lage, dem Außen standzuhalten. Wesentlich für ihn als persönliche Erfahrung – für den Behandler als empirische Wiederholung psychischer Dynamik – war, daß der Traum mit einem den Patienten sehr ängstigenden Vorgang koinzidierte: Zu einer Betriebsratssitzung sollte über sehr existentielle Fragen abgestimmt werden, wobei auch seine eigene berufliche Situation in eine kritische Lage geraten war. Seine Haltung dazu war Panik und Aggression gewesen, was seine Situation erheblich belastet hatte. Der Rückruf aus seinem Inneren hatte ihn sehr zentriert und beruhigt. Zum Glück – oder war es kein Zufall? – löste sich die berufliche Situation[19].

Der Traum einer Patientin mag hierfür ein weiteres Beispiel sein. Die Frau stand an der Schwelle zur zweiten Lebenshälfte. Ihre zwei Kinder studierten, ihr gepflegtes Heim war ein Sammelpunkt für Freunde – ihr Leben floß im breiten Strom. Aber es hatten sich leisere Töne in ihre Lebensmelodie eingeschlichen, und dabei waren die vielen dunklen und schweren Stunden, die das Leben in den letzten zwanzig Jahren für sie bereit gehalten hatte, vor ihr aufgestanden. In den Bedrängnissen der täglichen Anforderungen hatte sie sie immer beiseite geschoben und keine Zeit gehabt, an sich selbst zu denken. Krieg, Tod, Terror und Flucht hatten sie fast als Kind noch teilhaben lassen am Kollektivschicksal des ganzen Volkes. Jahrelang floh sie vor der existentiellen Unsicherheit. Zuerst in ein geistiges Studium, dann in einen belastenden Beruf und letztlich in die Ehe. In schweren krisenhaften Auseinandersetzungen reifte hier in der Nachbarschaft mit einem Partner von innen her nach, was vorher im bedrängenden Welterlebnis im Unbewußten liegengeblieben war. In einer dieser inneren Krisen, in der sie in einem plötzlichen Zusammenbruch erkennen mußte, daß existentielle Bedrohtheit letztlich nur von der inneren Substanz her aufgehoben werden kann, hatte sie den folgenden Traum:

»Ich ging eine breite Treppe zu einem Gebäude hinauf. Ich war vorher in einer Gruppe gewesen, aber nun war ich allein. Vor dem Portal standen zwei Wächter, ich wußte nicht, ob ich an ihnen vorbei gehen durfte. Mein Wunsch, in das Innere des Hauses zu gelangen, war stärker als meine Scheu vor den Wächtern. Sie hielten mich auch nicht auf. Im Innern sah ich herrliche Kunstschätze und viele schöne Bilder. Plötzlich sah ich in einer Tür einen großen Mann stehen. Er schien sehr alt zu sein, ohne daß sein Gesicht alt aussah. Er hatte große, sehr strahlende Augen, deren Blick so stark war, daß ich den meinen senken mußte. Ohne etwas zu sagen, führte er mich in einen Raum, der in einem merkwürdigen Goldschimmer erstrahlte wie sehr altes Ikonengold. Hier stand ein schwerer Schreibtisch, und auf ihm lag nur ein großer Edelstein, der in allen Farben erglänzte. Dann aber schimmerte er lichtgrün, wie ein herrlich geschliffener Smaragd. Ich wußte, daß dieser Stein für mich unendlich wichtig war.«

Die breite Treppe führt in eine höhere Ebene, die offenbar nicht für jeden bereits einen Weg durch das Tor ermöglicht – denn zwei Wächter stehen davor. Sie ahnt wohl das mögliche »Nein«, das man ja häufig in solchen Schwellensituationen aus dem eigenen Inneren heraus erfährt. Aber sie spürt auch gleichzeitig das bereits Auf-dem-Wege-Sein, das wohl das Ergebnis der Integration ihrer zurückliegenden Lebens-Chiffren darstellt; und dann begegnet sie dem »alten Weisen«, dem Schweigenden, denn Schweigen ist die metaphysische Form der Verhüllung. Nur der Eingeweihte erlebt in sich das Mysterium. Der Ort, den der alte Weise zuweist, ist ein Ort der Fülle und des Reichtums, der ganz nach Innen gelagert ist, denn man braucht »die Augen nicht nach außen zu öffnen«. Aber es ist der Schreibtisch da, mit dem kostbaren Stein, der wie ein Smaragd schimmert. Vom Smaragd heißt es, daß er wirksam sei »gegen alle Schwächen des Menschen, weil die Sonne ihn erschafft«[20]. Hier liegt also sozusagen der »Stein der Weisen« und bildet für die Träumerin ein geheimnisvolles Orakel.

Die Frage, ob sie jemals daran gedacht habe zu schreiben, überraschte sie tief. Tatsächlich hatte sie früher eine »literarische Phase« durchlaufen, wie sie leicht ironisierend meinte und hatte auch später gelegentlich daran gedacht, daß es schön sein müsse, für die Kinder etwas von der Fülle der Lebensgeschichte und der Erlebnisse festzuhalten. Aber der Impuls war immer in spärlichen Entwurfs-Aufzeichnungen hängengeblieben. Hier begegnete sie aber einem inneren Gesetz, das sie zu einer ganz neuen Haltung sich selbst gegenüber finden ließ. Der Schreibtisch wurde von nun an tatsächlich für sie ein Ort schöpferischen Tuns, das ihrem Leben eine ganz neue Fülle und Frische gab, die sich auf alle Beziehungen auswirkte.

Wer so tief vorstößt in den archetypischen Bereich der eigenen inneren seelischen Matrix, der befindet sich nahe den ewigen Weisungen der Menschheit und wird offen sein für das, was die Menschheitsgeschichte in den heiligen Büchern der Offenbarungen aufbewahrt hat. Dieser Geist klingt aus der Seele und nicht aus dem Intellekt: eben aus den geistig-schöpferischen Fähigkeiten. Die Künstler sind von jeher die mit der Wünschelrute des Geistes Begabten, mit dem unmittelbaren Zugang zu den Quellen. Sehr viel häufiger aber muß der Weg dahin freigekämpft werden.

Das erlebte auch eine junge Pianistin, deren ungewöhnliche schöpferischen Möglichkeiten immer wieder von schweren seelischen Krisen bedroht wurden, die besonders bei den notwendigen Gegenüberstellungen mit einem größeren Publikum auftraten. Sie war die letztgeborene Tochter eines Juristen und hatte sehr früh eine starke musikalische Begabung gezeigt. Aber der Vater hielt nichts von »so brotloser Kunst«. Er wünschte, daß sie Philologie studiere und Lehrerin würde. Sie wehrte sich verzweifelt.

Immer wieder beklagte sie sich über die Vorstellung des Vaters, die ihr wie aus staubigen Akten entsprungen schien. Nach langem Kampf setzte sie sich schließlich durch. Wie sehr aber eben nicht nur der Vater als Projektionsträger und Vollzugsorgan für Widerstand und Dagegen-Sein ihr Leben begleitet hat, sondern auch in ihrem eigenen Inneren ein energetisch stark aufgeladener Komplex ihre schöpferischen Energien ansog und damit die Gestaltung vom Ich her veränderte, zeigt folgender Traum:

»Ich bin in einem Zirkus, er scheint ganz leer zu sein, ich gehe Stufen hinab und mitten in die Arena des Zirkus. Es ist alles ganz dunkel, nur in der Mitte treffen sich alle Scheinwerfer. Plötzlich versuchen vom äußeren Kreis her Männer, die mir feindlich gesinnt sind, zu mir vorzudringen. Ich habe große Angst, denn es sind auch wilde Tiere dabei, die mich zerreißen wollen. Da beginne ich zu tanzen und fühle allmählich, wie mein Tanz sie alle bezwingt. Der Tanz steigert sich mehr und mehr. Ich sehe, wie im Licht der Staub dicht aufsteigt, der Staub verwandelt sich in Rauch und schließlich in Flammen, in die ich mich dann auch verwandeln muß, dann versinke ich mitten in der Arena in der Erde. Ich denke, daß nun alles zu Ende ist und ich gestorben bin. Unter der Erde aber finde ich zu meinem Staunen einen Weg, ich muß lange gehen, es ist ganz dunkel, und ich fühle mich schrecklich einsam. Dann aber bricht von oben her Licht ein, und allmählich weitet sich der Weg in eine Landschaft.«

Die Patientin muß also auch in das Zentrum, in die Mitte vordringen, um sich quasi im hellen Licht mit sich selbst zu konfrontieren. Sie muß sich in Bewegung setzen, quasi ihren Körper selber zur Mitte werden lassen und durch die verwandelnde Flamme der Leidenschaft die im Komplex gebundene aggressive Energie, einschließlich der als so außerordentlich gefährlich erlebten Triebenergien, zum Abstieg in die *Tiefe* benutzen. Erst dann findet sie den Weg in das *Licht des neuen Bewußtseins* und in die weite Landschaft ihres eigenen Lebens.

Wer etwas von der Kraft der Gebärde und vom Geheimnis des Tanzes und seiner magischen Wirkung weiß, wird ohne sonderliche Mühe verstehen, daß die archetypische Kraft dieses Traumes für die junge Künstlerin ein Sinnfälligkeitserlebnis größten Ausmaßes darstellte, das sich auch auf ihre äußere Situation auswirkte. Während bisher trotz ausgesprochener Begabung ein unpersönliches Gleichmaß ihre künstlerischen Aussagen bestimmte, zeigte sich nun ein potentieller Zustrom, der eine neue Kraft und Eigenwilligkeit verriet.

Die Traumbilder oder auch unbewußt gemalten Bilder, in denen die ordnende oder auch kompensatorische Energie aus dem die Gesamtpsyche umfassenden Schutzraum des Selbst sich darstellt, sind also – wie die Empirie der psychotherapeutischen Prozeßverläufe immer wieder deutlich werden läßt – nicht nur die besonderen Ereignisse besonderer Menschen, wie etwa die wundervollen und künstlerisch hochqualifizierten Tankas tibetischer Mönche vermuten lassen (siehe Abb. 45), sondern sie sind Dialog-Antworten im Beziehungsraum zwischen dem Ich-Bewußtsein und der Selbst-Instanz. Gerade die Erfahrung dieser kollektiven Gültigkeit hat dazu geführt, die natürliche Fähigkeit der Psyche – zum Beispiel im Nachvollzug des alten Paracelsus-Wortes: *similia similibus curentur* – als Selbstsignaturenlehre therapeutisch zu nutzen.

Immer wieder kann man bei solchen Gelegenheiten im Prozeßverlauf beobachten, daß Träume antizipatorisch Verhaltens- und Erlebnismöglichkeiten annoncieren. Die oft ganz neuen Erlebnisse des Ich-Bewußtseins ermöglichen es, daß sich quasi ein Erfahrungs-Engramm bildet, welches wie ein neues Kernelement komplexhaft Energien zu sammeln vermag und sich allmählich zu einem neuen Motivator für die aktuelle Lebenssituation entwickeln kann.

ZENTRUM-SYMBOLIK

Der Umgang mit dem Mandala beziehungsweise mit dem Kreis oder auch mit allen möglichen Formen der Meditation wird heute in den verschiedensten Formen von Psycho- und Physiotherapien angeboten. Es erscheint so, als würde die verborgene Bindung an die geistigen Schöpfungselemente psychischen Seins kompensatorisch in die Zunahme der neurotischen und psychosomatischen Störfelder besonders im letzten Viertel des 20. Jahrhunderts eingreifen. Den lautstarken Eindruckselementen des Alltags wird auf diese Weise die kontinuierliche Innen-Welt bewahrender Ordnung entgegengestellt. Dabei kann es kein Zufall sein, daß gerade die alten Praktiken aus den tibetischen und indischen Kulturbereichen sich einmischen in die Erfahrungen und Erkenntnisse der modernen Tiefenpsychologie. Mandalas als Meditationsgrundlagen wurden von jeher geübt und benutzt und dienten der Konzentration auf den eigentlichen Lebenssinn.

Für den Tiefenpsychologen aber ist es ein wichtiges Erfahrungsgut, daß die Engramme der Tiefenpsyche ihre Formsignale auch heute dem Bewußtsein anbieten, das nichts mehr weiß von dieser spezifischen Form des »Weges zur Mitte«[21, 22].

Vieles ist hierüber bereits mitgeteilt und veröffentlicht worden. Dennoch soll hier im Zusammenhang mit dem Thema des dynamischen Beziehungsfeldes zwischen dem Selbst und dem Ich aus verschiedenen Prozeßprotokollen Bildmaterial zur Darstellung kommen, das unter dem Aspekt der dynamischen Selbstsymbolik ausgewählt wurde. (Abb. 49 – 60)

Im Gegensatz zu den oben vermittelten Protokollnotizen aus Kinderbeobachtungen und -behandlungen haben wir es im folgenden mit Prozeßdaten von Erwachsenen zu tun. Die elf Bilder wurden nicht im Raum und auch nicht im Sinne einer sogenannten Beschäftigungstherapie gemalt. Im therapeutischen Beziehungsfeld der Analytischen Psychologie erfolgt zwar im allgemeinen die Aufforderung an das Ich-Bewußtsein, beim Umgang mit Farbe oder Stift Stimmungen, Konflikte, Probleme oder auch Trauminhalte darzustellen. Es wird aber auch immer darauf hingewiesen, daß es bei den dabei entstehenden Bildern nicht darauf ankommt, daß Vorstellungen und Inhalt übereinstimmen müssen. Wichtiger ist das »Sich-Darstellende« selber, das sich quasi wie ein unbewußter Motivator in den Stift »drängt«. Wenn es möglich ist, sollte der Patient lernen, das »abaissement du niveau mental« zuzulassen, wodurch – wie man in der Praxis immer wieder beobachten kann – tatsächlich unbewußte Signaturen sichtbar werden können und sich ungewollt in das vom Ich her geplante Bild einmischen. Jedenfalls ist im therapeutischen Dialog nicht so sehr der faktische, sondern der *symbolische* Bedeutungsgehalt – das *emotionale* Beziehungsfeld zwischen Bildschöpfer und entstandenem Bild – wesentlich. Die Verwandlung des statischen Bildes in ein solches dynamisches Beziehungsfeld initiiert den Fortgang des symbolischen Prozesses.

Wie sehr die archetypischen Strukturdominanten den kollektiven Formkräften im Mikro- und Makrokosmos entsprechen, ist heute kein Geheimtipp der Tiefenpsychologie mehr. Elektronik hat längst unsere bewußte Optik erweitert, um lange Unsichtbares sichtbar zu machen[23]. (Abb. 48–60).

So soll diese Bilderreihe mit einem tibetischen Mandala beginnen, das die göttliche ganzheitliche Ordnung in ihren tausendfältigen Manifestationen der Gegensätze zeigt. (Siehe Abb. 48).

Der oder die Kreise im Quadrat stellen symbolisch religiöse Erfahrungen dar und sind Meditationsvorlagen für die geistige Vereinigung (conjunctio) mit dem Göttlichen. Im Traum oder in der aktiven Imagination, sowie beim unbewußten Malen werden diese Symbol-Chiffren als WEGHINWEISER für die INDIVIDUATION interpretiert.

Im Gegensatz zu diesen bewußt und nach bestimmten Gesetzen entstehenden Meditationsvorlagen können unbewußte Bilder entstehen, die aber von der gleichen Dynamik des Inneren gesteuert werden. Das zeigt sich bei dem spontanen Bild einer 45jährigen Patientin. Sie berichtete dazu: »... Lange kreiste meine Hand, und dann wurde es in mir ganz tief und ruhig.« (Siehe Abb. 49).

Aktuelle Situation: Äußerst ängstigend erlebte Situation, weil der Verlust des sehr geliebten Partners drohte. Da sie unter einem neurotisch stark aufgeladenen Trennungskomplex litt, wirkte die Verlustangst inflationistisch und verband sich mit suizidalen Tendenzen. Das Bild entstand nachts in einem Zustand höchster Erregung.

Assoziation der Patientin: »Es war, als würde etwas in mir zerreißen – wie ein ganz großer Sturm. Ich hatte das Bedürfnis, ganz klein zu sein, fest eingehüllt, wie unzerreißbar. Ich habe alle Farbstifte in der Hand gehabt und sie kreisen lassen – nachdem das Gelb auf dem Papier aufgegangen war. Lange Zeit kreiste meine Hand, und dann wurde es in mir ganz tief und ruhig.«

Die eigentümliche Formulierung: »Nachdem das Gelb ... aufgegangen war«, läßt den Malvorgang plötzlich unpersönlich erscheinen, beinahe, als würden sich die Farben verselbständigen, beziehungsweise eben der unbewußte Motivator die Führung übernehmen. Ohne daß das Ich-Bewußtsein den Vorgang oder Inhalt deutet, wirkt er in diesem Fall entlastend, ordnend und – »... wurde es in mir ganz tief und ruhig« – nach innen zentrierend.

Das Bild: Spiraldynamik in eine Mitte, die einem Lichtzentrum gleicht, das den Spiralweg durchleuchtet. Die Symbolchiffre signalisiert eine wichtige Bewußtseinsschwelle zwischen Innen und Außen. Es ging um die eigene Innen-Licht-Findung, also um innere Werte, die von der Patientin bisher vor allem im äußeren Sein – und darum von ständigem Verlust bedroht – erlebt wurden. Das im Lichtraum dargestellte Auge, beziehungsweise der Kopf der Schlange, signalisieren, daß es sich um einen bewußtseinsfähigen schöpferischen Prozeß handelt. Die Kreis- und Zentrumssymbolik läßt die Gefährdung, aber auch die bereits evozierte kompensatorische Energie ahnen.

Amplifikation: Unter vielen anderen Einfällen tauchte auch der auf, daß es an den Kopf einer menschlichen Samenzelle erinnern würde. Interessanterweise verhindert nach der Vereinigung von Samenzelle und Eizelle eine undurchlässige Schutzschicht das weitere Eindringen anderer Spermien, so daß die Vereinigung des Gegensatzes weiblich-männlich unter diesem Schutz die Urzelle des gesamten neuen Lebewesens entstehen läßt.

Das nächste Bild zeigt die Röntgenaufnahme eines solchen Befruchtungsvorganges. (Siehe Abb. 50).

Ein nicht mehr ganz junger Mann reagiert auf das Signal der Zentrum-Symbolik, das aus seinem eigenen Inneren sichtbar und für ihn erlebbar wird mit der Feststellung: »... In mir ist eine Kraft, die stärker ist als ich und dennoch bin ich es selber ...«. (Siehe Abb. 51).

Er hatte auf eine Ehekrise mit einer Depression reagiert. Eine ihn sehr faszinierende jüngere Partnerin hatte seine recht geordneten Lebensschienen aufgebogen. Seine innere und äußere Existenz schien bedroht. Das Bild war nach einer heftigen Auseinandersetzung mit der Ehefrau entstanden, bei der ihm die Not, »ein menschlicher Mensch« zu sein, elementar bewußt geworden war. »Wie kann ich all das Gegeneinander zusammenbringen, ohne mich selber dabei zu verlieren oder zu opfern?«

Auf dem Bild sieht man, umgeben von einem Strichmeer, ein mandalaartiges Gebilde, das sich fast mühsam eine gewisse Ordnung zu erzwingen scheint. Eigentümlich die kleinen, trompetenhaft oder glockenhaft anmutenden Gebilde, aus denen sich wie ein einzelner Ton ein kleines rundes Gebilde in die Dreieckspitze zu begeben scheint. Und eigentümlich auch die in den Dreieckswinkeln sitzende »aufgehende Sonne«. (?) Der schwarze zunehmende Mond »paßt überhaupt nicht ins Bild« – »Das Kreuz rechts im Bild ist mein Grab« und im linken unteren Bildraum sitzt wohl ein aggressiv geladener Komplex: »Damit schieße ich alle ab, die mir was wollen.« In der Mitte aber, deutlich in einem Frei- aber wohl auch Schutzraum: ein Auge. Auch hier deutet die Wegdynamik sehr stark nach innen und zur Mitte – in dem Sinne, daß das Ich-Bewußtsein die Zentrums-Impulse übernehmen und zum aktuell bestimmenden »Lebenston« werden lassen müßte.

Das Ordnungsgefüge konstelliert sich hier nur mit Mühe und signalisiert die Gefahrennähe einer Dissoziation. Symptomatisch bestand zu dieser Zeit eine schwere Schlafstörung mit zunehmenden Ängsten und anfallsweise auftretenden pektanginösen Zuständen. Das Zentrums-Thema tauchte bei diesem Patienten immer wieder auf und begleitete seine schwerwiegende Konfliktsituation. Eines dieser Signale aus der dynamischen Selbst-Instanz zeigt deutlich die Energie, die aus der Mitte zur Peripherie geschickt wird, um den Innenraum zu schützen und damit die tragfähige Matrix zur heilenden Regression anzubieten. Die Intensität und Konzentration, die zu diesen Bildern führt, hat eine oft tiefgreifende, beruhigende Wirkung. In diesem Sinne entstand auch das folgende, dynamisch-aggressiv anmutende und mit großer Intensität gemalte mandalaartig wirkende Bild, das etwas von der Energie ahnen läßt, die hier in die formende Gestaltung drängt. (Siehe Abb. 52).

Diese Urform der Gestalt überhaupt, die als immanentes Ordnungsprinzip in jeder Materie zu finden ist, manifestiert sich ebenfalls in der Bildphänomenologie der psychischen Dynamik als Mandala. C.G. Jung sah in dieser bildgewordenen Dynamik nicht nur Weghinweiser zur Individuation, sondern auch die schützende Kraft aus der Matrix des Selbst, der psychischen Ganzheit. Die Abbildung (siehe Abb. 52) zeigt ein sehr kraftvolles mit »sichtbarer Intensität« gemaltes MANDALA, erektiv und flammenhaft wirkend, in dem das leidenschaftliche und aggressive Temperament des Patienten durch ihn selber quasi gezügelt wird.

In einer anderen Gestaltung zeigt sich auf dem nächsten Bild die innerseelische Situation eines noch sehr jungen Patienten, der wegen einer starken ödipalen Fixierung trotz guter Begabung in seinem individuellen Alltag gescheitert war. Die Wortassoziationen des Patienten zum Bild lauteten: (Siehe Abb. 53).

»Immer sind es die anderen, denen es glückt. Wenn ich ›hurra‹ schreie, dann bestimmt auf dem falschen Bein. Ich habe immer das Gefühl, daß mich keiner versteht. Aber wenn ich ehrlich bin, dann mache ich es vielleicht auch schwer, daß man mich versteht.«

Das Bild: Regressionsversuch mit Schwellenüberschreitung der blockierenden Komplexe in den »Wurzelbereich der Ur-Beziehung« hier in einer fast uroborisch anmutenden Darstellung. Der Außenbereich der Realität ist, wie die spitzen Berggipfel signalisieren, schwer ersteigbar – Examensängste, Homoerotik, Suizidtendenzen – und der Baum, dessen Wurzeln tief in die Höhle hinabreichen, lebt mehr in die Tiefe und in der Tiefe, als in die Höhe. Beide Tiere sind ohne Augen. Instinkt ist es in diesem Zustand allein, der eine Progression ermöglichen kann. Aber diese Tendenzen tragen in der Bilddarstellung einen starken Strich und lebendige Dynamik. In der Tiefe ist es gesund, ist Beziehung, Geborgenheit, Wachstumsmöglichkeit für das Kleine und Aufrichtemöglichkeit (Erektivität) zum Großen.

Sehr deutlich von der Kreis- beziehungsweise Mandala-Thematik bestimmt, wirkt auch die nächste Zeichnung einer jungen Frau, ein Spontanprodukt während eines Telefongespräches. (Siehe Abb. 54).

Die aktuelle Situation war bestimmt von diffusen Ängsten trotz Bestätigung und äußerer Erfolge aufgrund eines unbewußten Minderwertigkeitskomplexes im Zusammenhang mit der Differenzierung der Weiblichkeit. Partnerschwierigkeiten, Angst vor der Liebe, vor allem vor Trennung und Bindung.

Assoziation der Patientin: Das Bild entsteht während einer heftigen telefonischen Auseinandersetzung mit einem Partner. Das Ferngespräch hatte ihre Angst vor Nähe gemildert. Die Gesprächsform zwang zum Zuhören und Antworten. Die Zeichnung beeindruckte sie nachhaltig, weil sie ihre Entstehung »eigentlich« bewußt gar nicht richtig miterlebt hatte.

Das Bild: Die Symbolchiffre der Urgeborgenheit und Urbezogenheit quasi »in ovo«. Die kleine Zeichnung enthüllt eine Kreis-, Spiral- und Wellendynamik und signalisiert damit bei aller Unauffälligkeit ein weites Wirkspektrum.

Die unbewußte Regression in dieses Früh-Engramm bewirkte bei der Patientin erstmalig die Möglichkeit, eine »vollkommene Hingabe« zu phantasieren, ein bedingungsloses Sich-Anvertrauen zu ahnen, mit der für sie ganz neuen Anerkennung, sich und damit aber auch den Partner loslassen zu können. Für die Patientin war als Innenerlebnis besonders wichtig, daß sie die symbolische Signatur dieser Zeichnung als Möglichkeit *in sich selber* erkennen konnte, daß Kind-Sein oder -Haben nicht an ein äußeres Objekt gebunden sein muß, sondern die Beziehung zu diesem von ihr so geliebten Partner schöpferisch und ungewöhnlich befruchten konnte. Das Behütete und Behütende, Einfühlende, aber auch das sich Bewegende (die Wellendynamik) war ein Wegweiser, der den Ich-Selbst-Bezug der Patientin auf ihrem Individuationsweg bestimmend beeinflußte – und mit dieser Zeichnung für das Ich ein immer wieder neu erfahrbares Erinnerungs-Engramm setzte.

Ein bemerkenswerter Phantasiereichtum blüht auf in dem Bild einer jungen Frau, die im Bilddialog den Malvorgang selber so realistisch beschreiben kann, daß der psychodynamische Vorgang des »abaissement du niveau mental« deutlich nachzuvollziehen ist. Sie amplifiziert beim Dialog: »... Schauen kann sie, aber nicht zufassen. Sie hat keine Arme.« Und in Erinnerung an das Märchen vom Froschkönig: »Das muß sie ja aber, wenn sie den Frosch aus seiner Tiefe erlösen will.« (Siehe Abb. 55).

Die aktuelle Situation der Patientin war von der Auseinandersetzung mit einem sehr dominanten »Ahnenerbe« und Elternraum bestimmt. Sie klagte über ein mangelndes Realitätsbewußtsein, hinter dem sich unbewußte Existenz- und Schuldgefühle verbargen. Sie war auf der Suche nach sich selbst – nach ihrem Selbst – und rang um Erkenntnis, eigene Möglichkeiten wirklich als eigen zu entdecken und die geborgte Persönlichkeit mit sich selbst zu füllen.

Sie berichtet: »Mit dieser Zeichnung ist es mir eigentümlich gegangen. Ungefähr zur Hälfte habe ich es gezeichnet, und eigentlich ohne daß es mir richtig bewußt wurde, war es dann so, als wenn es sich selber weiter gezeichnet hätte. Dabei hatte ich durchaus die ganze Zeit den Eindruck, daß ich den Stift in der Hand habe. Aber als ich fertig war, besonders als ich es mir am nächsten Tag anguckte, war etwas entstanden, was mir eigentlich doch nicht bewußt war.« Und nach einer Weile fast etwas zaghaft: »Ich mag das Bild. Da ist etwas von mir drin, was ich mag. Aber ich weiß nicht so ganz genau, was es ist, und ich komme auch eigentlich nur schwer dran.«

Das Bild: Es wird deutlich, daß hier das Bewußtsein beteiligt ist. Das Gesicht der in die Tiefe tauchenden oder schauenden Person blickt – wenn auch überraschend kindlich – beobachtend und begrenzt wahrnehmend. Dabei wird deutlich, daß das rechte Auge wacher und intensiver unterscheidet, während das linke Auge mehr wahrnehmend die Umgebung registriert. Der vital wirkende Fisch, der mit seiner Flossenbetonung und dem großen intensiven Auge einen starken Aufforderungscharakter enthält, stellt ein unmittelbares Beziehungsfeld zwischen der Oben-Unten-Dynamik her. Sein Schuppengewand enthält eigentümliche »Zeichen« wie »alte Hieroglyphen». An seiner Kiemenseite taucht ein Sechstern auf und ein Mandalasymbol, das über dem Kopf des Fisches zu schweben scheint. Die Sechs- und Vierzahl wird dadurch signalhaft betont und weist auf Ordnungsgefüge hin, die für die Patientin einen bestimmten Bedeutungscharakter haben müssen. Tatsächlich handelt es sich bei ihr um einen Lebensabschnitt der »Entsicherung« aus einem streng traditionsgebundenen Lebensgefüge und den dabei immer auftretenden erheblichen Verunsicherungen und Beängstigungen. Vom Traumsignal her muß etwas »aus der Tiefe« heraufgehoben werden, das für die Selbstfindung und Ganzwerdung der Persönlichkeit dieser Frau wesentlich war. Dabei spielte das Thema der Schatten- und Animusfunktion zu dieser Zeit eine wesentliche Rolle. »Am Fuße des Korallenbäumchens kommt ein Froschwesen aus einer Höhle heraus«, wodurch bei der Bildbetrachtung die Amplifikation des Märchens vom Froschkönig evoziert wurde. Gerade in diesem Märchen geht es um die Auseinandersetzung mit dem königlichen Verbot und Gebot, vor allem aber um das Ergreifen der Realität, wobei es eben das königliche Szepter des Vaters ist, das den Weg in die Tiefe initiiert. Sehr spontan als Einfall in das Bewußtsein einbrechend assoziierte die Patientin zu ihrer eigenen Überraschung: »Schauen kann sie, aber nicht zufassen. Sie hat keine Arme.« Und zu den Amplifikationen ergänzend fügt sie hinzu: »Das muß sie ja aber, wenn sie den Frosch aus seiner Tiefe erlösen will.«

Die Fülle der Bildsymbole soll hier nicht in aller Ausführlichkeit amplifiziert werden. Auch hier taucht aber im Zusammenhang mit der therapeutischen Regression aus der Tiefe und in der Tiefe die Signatur dynamischer Selbstsymbolik auf und schickt ihre heilenden und progredienten Impulse in das Ich-Bewußtsein.

Ein späteres Bild der gleichen Patientin zeigt sie auf dem Weg in der Tiefe und in die Tiefe. Es ist ein mit zarten Bleistiftstrichen schnell hingekritzeltes Bild, ohne gewolltes Thema entstanden. Ein den ganzen Raum des Blattes einnehmender Fisch schwimmt nach links, von der Symboldynamik her zum kollektiven Unbewußten hin. (Siehe Abb. 56).

Das Auge des Fisches zeigt eine deutliche Dreiecksform: ».. . es ist ganz wach .. .« Das Auge betont in einer für die Patientin zunächst unbewußten Weise das »ewig offene, alles sehende Auge Gottes«; ebenso enthält es die Symbolchiffre des Dreiecks als Flamme und damit der männlichen Zeugungskraft, beziehungsweise des kreativen Bewußtseins.

Aus dem Grunde »blüht eine Sonnenblume, die ich so liebe«, die möglicherweise einen Begabungskomplex besonderer Fähigkeiten für das Bewußtsein chiffriert. Der Fisch trägt in sich ein Kind, ist also ein Enthaltender mit dem Kind als Enthaltenem, wobei dieses noch »in utero« befindliche Kind in besonderer Weise die Ganzheit aller Entwicklungsmöglichkeiten enthält. Es ist ein Auf-dem Wege-Sein vom ICH zum SELBST, weil auf dem Wege vom SELBST zum ICH etwas vergessen oder nicht entwickelt wurde.

Das nächste Bild einer gerade 18jährigen Patientin zeigt in erschreckender Weise, wie gefahrbringend die Dissoziation, das heißt die Spaltung im psychischen Ganzheitsorganismus wirken kann. Das junge Mädchen war nach dem schrecklichen Suicid ihres älteren und von ihr sehr geliebten Bruders selber in eine schwere depressive Verstimmung gefallen. Nachdem sie selber dreimal versucht hatte, ihrem Leben ein Ende zu setzen, war sie in eine psychotherapeutische Behandlung gekommen. Ihre aktuelle Chiffre hieß: ».. . Ich bin eigentlich schon gestorben, ich sehe nur Grab, oder Nacht ohne jedes Licht .. .« Aber gerade sie malt den Kopf, das Gesicht, den Ort der Bewußtseinsinstanz, ein Kompensationsversuch gegen die Auflösungstendenzen durch das traumatische Engramm. (Siehe Abb. 57).

Der Hintergrund des Bildes ist farbig bewegt. Davor »steht« ein gespaltenes Gesicht im Raum mit einer rechten dunklen Seite und einer verhangenen oder »verbundenen« linken Seite. Die totale Gespaltenheit zeigt symbolisch das Abgesperrtsein von den heilenden Kräften des Unbewußten und gleichzeitig die neurotische Einseitigkeit des Bewußtseins. Der »zufällige« Tropfen unter dem Auge – die Patientin hatte ihn gar nicht bemerkt – die große Träne der Trauer, wirkt wie der Beginn einer Dynamik, die aus der Erstarrung der Todessehnsucht herausführen könnte. Es beginnt etwas zu fließen. »Tränen sind warm. Mein Schmerz ist eiskalt ...«

Über Wochen hin zog sie sich in Wortlosigkeit zurück und ließ nur Bilder in den Dialog-Raum, Bilder des Abstiegs, der Schwärze und der totalen Einsamkeit.

Aber es gelang ihr auch, nach Bewältigung der abgründigen Trauer, der Aufstieg zu einem neuen kontakthaften Leben.

Sieben Monate später zeigt eine kleine Zeichnung, die in der Schule entstanden war, daß die dynamische Verbindung zwischen Ich-Instanz und Selbstmatrix durch das Transcedere der Symbolik hergestellt war.

Der Dialog darüber läßt erkennen, daß eigentlich ein Traum als Bildhintergrund der Motivator für die Zeichnung war:

»Ich weiß, daß irgendwo ein Kind ausgesetzt wurde, ich muß es finden, ich habe große Angst, daß ich den Weg nicht finde oder zu spät komme ...« (Siehe Abb. 58).

Das Kind zeigt bei genauerem Hinsehen ein Doppelgesicht: Es sitzt quasi mit neugierigen Augen auf einem Kopf mit etwas grimmig oder verbittert aussehenden Gesichtszügen. Der vielschichtige Kreis umgibt schützend die Auseinandersetzung. Die Regression hat die energetischen Bereiche der Selbst-Instanz aktiviert. Die Patientin muß das »innere Kind finden«, das für sie eine Entwicklungs- und Entbindungsmöglichkeit enthält und sie aus einem Zustand der Identifikation mit dem Tod in eine neue Lebensphase hineinführt.

Im Gegensatz zu der oben geschilderten Gefahr der Dissoziation zeigt die nächste Zeichnung einer 36jährigen Patientin unbewußt die Ganzheit der Gegensätze. Die fast kindlich anmutende Strichführung und Naivität der Darstellung macht deutlich, daß es der Patientin nicht darum ging, etwas Bestimmtes zu malen, sondern daß »es einfach so entstand ...« (Siehe Abb. 59).

Die beherrschende Hieroglyphe ist das Kreuz. Es steht hier schräg im Bild, ist eines der ältesten Symbole und hat Teil an der Symbolik der Zahl, des Weges und des Raumes. Die sehr eigenartige Dreiecksform, die sich durch die Schrägstellung dem Himmel und der Erde zuwendet, beziehungsweise dem Wasser, betont das empfangend Weibliche und das zeugend Männliche. Die Wiederholung des Kreuzes im Kreis in der Mitte des Kreuzes läßt auf eine besonders wichtige Innenthematik der aktuellen Situation schließen. Dies wird durch die Randbetonung des Kreises noch unterstrichen. Die Krone, als Äquivalent für die Sonne, und der zunehmende Mond weisen auf das kosmische Ur-Eltern-Paar und – im Gegensatz dazu – der Fisch auf das Enthaltensein in der Tiefe hin. Dazwischen der *Mensch*: als Hieroglyphe eines Ich-Bewußtseins, dem die Dimensionen der Ganzheit und der Gegensätze im *Traum* als Werdemöglichkeiten potentieller psychischer Energien annonciert werden. Schwimmend und schlafend signalisiert die menschliche Figur die HORIZONTLINIE, den Trennungsbereich zwischen bewußt und unbewußt. Der, in einer tieferen Schicht, ebenfalls angedeutete Fisch, weist auf die Möglichkeit des Tauchens (der Regression) in die Tiefe hin. Aus dieser Tiefe wächst etwas nach oben, offenbar aus einer wachstumsträchtigen Matrix.

Vielschichtig und sehr dynamisch ist die Zeichnung eines 52jährigen Mannes, die nach aktiver Imagination entstand. (Siehe Abb. 60). Die ursprüngliche Bildmotivation war die quälende Phantasie, in einem Turm eingeschlossen zu sein, in dem die Treppe, die nach oben führte, abgebrochen war. Das innere Erlebnis totaler Hilflosigkeit und Verlassenheit hatte große Ängste aktiviert. Gerade sie aber hatten auch zu bisher unbekannten schöpferischen Möglichkeiten geführt. Das Bild enthielt für den Patienten »sehr viel mehr, als mein Bewußtsein weiß«. Seine Assoziationen im »Gespräch mit dem Alten im Dom« lauteten:
»Die drei kreisförmigen Fenster liegen hinter dem Kreuz, das in einem Quadrat eingelassen ist, wie in einem Spiegel ... An der Wurzel des Kreuzstammes liegt ein Rad und ... das Kreuz, das Rad und der Schatz werden von der aufsteigenden Schlange bewacht. Das ist die heilige Schlange des Arztes, sie trägt alles in sich, darum hat sie ein Kreuz auf dem Kopf, sie weiß und sieht alles Leiden ... Das Steuerrad im Nordfenster weist auf meinen Tod hin – oder etwas muß sterben – oder vielleicht auch leben, wenn man auf die Schlange hört. Sie weist auf die Mitte des mittleren Fensters, der Vogel ist wohl ein Bote des freien Raumes, er ist zwischen Oben und Unten ... vielleicht weiß er mein Lied ...«

VERGANGENHEIT ODER TIEFE

Manchmal ist es nur das Bild der Vergangenheit, welches die Regressionstendenz signalisiert und zu den Symbolen des dynamischen Selbst führt. So wird der folgende Traum über die eigene biographische Vergangenheit weit zurückversetzt in ein anderes Jahrhundert – durchbricht also die Schicht des persönlichen Unbewußten, um tiefere Bereiche des kollektiven Unbewußten energetisch zu evozieren.

Die Lebenssituation der bereits in der zweiten Lebenshälfte stehenden Patientin war bestimmt von einer verantwortungsvollen beruflichen Position in einer Klinik. Die ständige Extraversion hatte sie in eine zunehmend starrer werdende Persona-Haltung hineinwachsen und ihre primäre Kontaktfreude allmählich einfrieren lassen. Darunter hatten aber auch die persönlichen Beziehungen an Wärme verloren, und sie fühlte sich – in seltenen Stunden der Besinnung oder Ruhe – einsam und mißverstanden. »Man tut sein Bestes, aber man wird nicht verstanden.« Ohne daß sie es merkte, hatte sie die anonyme und kollektive Formel »man« benutzt. Auf das Angebot: »Man wird nicht geliebt ...« wurde sie sehr still. Ihre Ehe, ihre Familie, ihre Rolle im Arbeitsteam auf der einen Seite, auf der anderen Seite ihr beruflicher Erfolg, ihre Bestätigungen und auch ihre existentielle Freiheit – was lange fast unbemerkt abgelaufen war, summierte sich zu einem immer deutlicher werdenden tiefen Konflikt. Eine Lebenskrise hatte sich angebahnt. Nun signalisierte das Unbewußte den folgenden Traum:
»Ich sehe einen Ritter durch den Wald reiten mit geschlossenem Visier. Dann ist auch eine Dame da, beziehungsweise ein ›*Fräulein*‹, und die beiden treffen sich. Das Fräulein ist groß, schlank, sehr jungfräulich, um nicht zu sagen alt-jüngferlich, mit spitzer Haube und Schleier daran. Sie wirkt außerdem verschlossen und abweisend. Dennoch findet offenbar zwischen diesen beiden Menschen eine intime Beziehung statt, die ich aber im Traum nicht sehe, sondern nur weiß. Es ist so, daß der Ritter das Fräulein liebt, während es bei ihr so ist, als müßte sie es tun und tut es wie eine Pflicht. Irgendwie habe ich die Art oder den Eindruck, als wäre es die besondere Art der Liebeszuwendung durch den Ritter, der sich durch die abweisende Haltung nicht täuschen läßt, und die dann auch den Wider-

stand des Fräuleins überwunden hat. Was auf dem Weg durch den Wald tatsächlich geschieht, bleibt aber Geheimnis des Traumes. Im Traum jedenfalls wird das Fräulein dann wieder sichtbar in einem burgartigen Schloß. Sie ist vollkommen verwandelt, strahlend, heiter, glücklich und wie von innen her schimmernd. Sie will dem Ritter mitteilen, daß sie ein Kind von ihm empfangen hat. Ihr Bezug zu dem Ritter und das Kind müssen aber geheim bleiben. Niemand darf davon wissen. Die Mitteilung für den Ritter wird daher von dem Fräulein in die Form eines chemischen Versuchs gebracht. Sie mischt dafür in einem runden Glaskolben bestimmte Stoffe, die ihr von ihrer Zofe und einem jungen Diener zugereicht werden. Der Ritter versteht diese Mitteilung, und beide sind nun vom Glanz ihres Glückes umgeben.«

Die Träumerin ist beeindruckt, weil sie beobachtet hatte, daß das Glücksgefühl lange in ihr nachschwang. Die Traumfiguren wurden von ihr zunächst in der projektiven Ich-Ebene assoziiert – ihre große Anfangsliebe zu ihrem Ehepartner, lang, lang ist's her – wobei hinlänglich Bekanntes sich lediglich wiederholte, ohne einen neuen Sinnzusammenhang zu vermitteln. Die Signale der Zeitverschiebung – Mittelalter – des Geheimnisses und Verborgenen und das sonderbare chemische Experiment führten im Dialog mit dem Traum in andere Ebenen und evozierten die Auseinandersetzung mit dem symbolischen Inhalt der einzelnen Bildfacetten.

Auch hier handelt es sich um die Vereinigung von Gegensätzen, die zu neuem Anfang und Werden führen, wobei der Hinweis auf die »geheime Beziehung« besonders deutlich den *inneren* Bezug hervorzuheben scheint. Das Ungleichgewicht der psychischen Libidoverteilung in der Beziehung zwischen den äußeren und inneren Objekten wurde aus dem eigenen Innenbild erfahrbar.

Eine derartige Dokumentation ließe sich mühelos vergrößern, auch durch Traummaterial oder andere Aussagen des Unbewußten ergänzen. Sie ist von der Sache her nicht das Ausgefallene, sondern das sich Wiederholende und könnte dadurch als Beweis der Arbeitshypothese von der primären Selbst-Instanz gelten. Erstaunlich ist allerdings die individuelle Variationsbreite der auf dem Grundmotiv von Punkt, Kreis und Quadrat sowie der Psychodynamik von Regression und Progression sich entwickelnden Bilder. Das urbildhaft Typische (Archetypische) und damit kollektiv Allgemeine erfährt also durch die subjektiv gültige Seinssituation des Individuums seine jeweilige und spezifische Modalität. Das wird besonders eindrucksvoll erkennbar, wenn das Beziehungsfeld zwischen dem Ich-Bewußtsein und der Selbst-Instanz schwerwiegend gestört ist, wenn Regression nicht gewagt werden darf, Aggression komplexhaft gebremst und Progression nicht möglich ist. Unter der Voraussetzung, daß die primäre Selbst-Instanz ihre energetischen Entwicklungs- und Ordnungimpulse dennoch durchzusetzen versucht, muß man annehmen, daß sich ein Spannungsfeld entwickelt, das sich phänomenologisch in Form irgendeines Symptoms zum Ausdruck bringt. Die psychosomatische Ganzheit wird hierbei autonom die Wahl treffen, in welchem Bereich sich die Energie symptomatisch umformen kann, so daß aus Symptom und Symbol ein Beziehungsfeld entsteht[24].

An einem Beispiel aus dem Beobachtungsraum der Kinderpoliklinik soll versucht werden, diesen Vorgängen nachzuspüren.

DAS SELBST IM BAUM-SYMBOL

Der 8jährige Thomas war ein blasses, schmales, etwas unruhig und ängstlich wirkendes Kind. Seine unkindliche Kleidung ließ ihn älter erscheinen, als er war. Die Zuwendung, die er in der Untersuchungssituation erfuhr, erwärmte ihn sichtlich, das Spielzimmer ließ seine Augen leuchten.

Untersuchungsgrund: »Schwer zu beeinflussende, motorische Unruhe, schwere Kontaktstörung, große Schulschwierigkeiten, Schlafstörung, Eßstörung, große Ängste, Todeswünsche«.

Er galt als Einzelgänger, zeigte aber intensive Kontakt*wünsche* bei hoher Verletzlichkeit und höchster Angst vor Objektverlust. Die Superlative im Erstgespräch – von den Eltern geäußert – wirkten allein schon so, als würden sie das schmale Kind erdrücken. Mit hängenden Armen und hängendem Kopf stand er neben den Eltern: müde, apathisch und interesselos.

Im Spielzimmer näherte er sich langsam aber spontan dem Sandkasten, drückte sich dicht an die schmale Holzleiste, vertraute aber dem stummen Sand behutsam seine konflikthaften inneren Geheimnisse an. Erst am Ende berichtete er, ebenfalls leise sprechend, dazu:

»Viele Soldaten liegen auf der Erde. Große Spinnen, Skorpione, Polypen und sehr große Fliegen kriechen aus der Erde heraus und fressen sie auf.« Die Tiere werden dann selber in der Erde wieder vergraben und müssen dort »ersticken«. Über den Toten entstehen Berge, über die er die sonderbare Bemerkung macht: »Die werden alle beim Namen gerufen.« Und zum Schluß stellt er Bäume auf die Gräber: ». . . denn die braucht man doch.« Aber das tröstlich anmutende Bild von »heilem Wachstum« bleibt nicht stehen, denn nach einer Weile der Betrachtung fügt er hinzu: »Die müssen alle sterben.« Er legt auch die Bäume wieder in den Sand.

Auch sein Anfang trug die Signaturen der Verneinung. Die Mutter erlebte die Schwangerschaft als »Unglück«, fühlte sich durch den Ehemann vergewaltigt und lehnte das noch ungeborene Kind ab. Ein Narzissos-Schicksal!

Das Kind wurde übertragen, die Geburt mußte künstlich eingeleitet werden, wodurch bei der Mutter die ersten bewußten Schuldgefühle auftauchten. »Ich bin schuld, wenn jetzt etwas schiefgeht.« Das hatte sie dann später immer wieder einmal denken müssen. Der Sohn wollte bei der Mutter nicht trinken, die Mutter lehnte es ab, das Kind an der Brust zu stillen. Während der Schwangerschaft erkrankte die Mutter an einer schweren Nierenbeckenentzündung und mußte für mehrere Wochen ins Krankenhaus. Es war längere Zeit fraglich, ob das Kind überhaupt ausgetragen werden oder gesund zur Welt kommen würde.

Auch die postnatale Entwicklung wurde von abrupter und überschießender Annäherung und ebenso brutalem Rückzug bestimmt. Der Sohn zeigte in allem eine vorzeitige Entwicklung – er floh offensichtlich aus dem Raum des Urvertrauens, der für ihn von Mißtrauen überschattet war. Er zeigte eine ungewöhnliche Intelligenz, zog sich aber vor der Realität der äußeren Objekte zurück und entwickelte eine blühende Phantasie.

Die Reinlichkeitserziehung orientierte sich sehr eng an den Normen der älteren Generation (Großmutter der Mutter) und wurde mit harten Strafen durchgeführt. Dementsprechend verkriecht sich das Kind noch heute, sobald ihm etwas mißlingt oder wenn es sich schmutzig macht, weil es Strafe fürchtet.

Bei dem erschütternden Innenbild des Kindes, das im Sandkasten zur Darstellung kam, könnte man sich fragen, was all der Schrecken zu bedeuten habe. Alles was Soldaten beinhalten können: Überwindung, Siegen und Unterliegen, das Männliche, Kraft, Mut, Treue, Aggressivität und Verteidigung wird von einer dämonischen unterirdischen Macht gefressen. Soldatsein heißt aber auch: Kollektivität, Normierung, heißt Dienst, Tod und Heldenkampf. Die Todesthematik ist hier extrem aufgeladen. Im anamnestischen Gespräch ergab sich eine schwere Selbstgefährdungstendenz mit häufigen, zum Teil sehr bedrohlichen Unfällen und oft nicht zu steuernden aggressiven Ausbrüchen. »Er ist wie ein eiskalter Mörder, wenn er so ist«, klagte die Mutter.

Thomas selber berichtet von seinen großen Nachtängsten: »Im Traum, aber ganz wirklich, sind lauter Augen. Sie sehen mich an.« Die Schlafstörung kann man nach diesem kurzen, vertraulichen Hinweis sehr gut verstehen. Aber Kinder werden nur selten nach ihren Träumen befragt! Der Umgang mit Kinderträumen erfordert viel Erfahrung, gute therapeutische Kenntnisse, besonders auch der Symbolsignaturen, vor allem aber – und das kann jeder: uneingeschränkte Aufnahmebereitschaft für das *Bild*. Kinder berichten im allgemeinen seltener spontan über das, was sie in der

Nacht erlebt haben. Das geschieht wohl anfangs der Mutter gegenüber, die aber meist gar nicht in der Lage ist oder sich die Zeit nicht nimmt, mit diesen innersten Erlebnissen ihres Kindes etwas anzufangen. So verblasst diese Frühbeziehung über das Wort und das Bild zwischen Mutter und Kind – oder Vater und Kind! – meist sehr rasch, und das Kind beginnt, seine Tag- und Nachterlebnisse zu mischen. Daraus entsteht dann das Spiel, die Phantasie und auch – nicht so ganz selten – die vom Erwachsenen so genannte oder gedeutete Lüge. Thomas hatte hier die Frage nach einem Traum spontan beantwortet. Ebenso spontan und entschlossen war er bereit, etwas von dem Trauminhalt zu malen. Auf Abbildung 61 malt er sich: »Das bin ich.«

Um das auffallend kreisförmig gemalte Gesicht herum sind die, wie er sagte, »Augen« gemalt, die ihn anschauen, so daß »ich nichts mehr sehe, sonst bekomme ich Angst.« Die eigenen Augen sind tatsächlich geschlossen, die Ohren wirken wie Halbmonde, die Nase ist nur ahnungsweise zu erkennen, als hätte er noch keinen Anteil am Lebensatem, und der winzige runde Mund scheint ebenfalls noch keine richtige Nahrung aufnehmen zu können. Und dann kommt wieder – wie aus einer anderen psychischen Schicht – ein Hinweis: »Und außen drum herum ringelt sich eine Schlange. Die kann aber *richtig* sehen. Vielleicht beschützt die mich, bis ich selber auch stark bin.« Die Augen beschäftigen ihn noch weiter, besonders die vielen Augen. Das Angebot, ob das – weil sie ja nachts sehen – vielleicht Sternenaugen sein könnten, beantwortet er nach einer Weile des Nachdenkens mit den Worten, daß es da so ein Lied gebe »von den vielen Sternen am Himmel und daß nur Gott sie zählen könnte«. Das »Gezählt-Sein« aber heißt kosmische Ordnung, heißt Weg und Dynamik, könnte Beziehung sein zwischen Innen und Außen oder auch zwischen Ich und Selbst. Die große Kreis-Schlange signalisiert das mythologische Bild chtonischer Matrix, die sich von jeher träge dem Licht-Werden, dem Erkenntnisprozeß, der Bewußtwerdung widersetzte. Es ist der Kampf des Dunklen gegen das andere Prinzip, aber auch der Sog des kollektiven Unbewußten, der immer wieder, besonders im Anfangsstadium der Entwicklung und in Krisenphasen nach dem Ich-Bewußtsein greift.

Und gerade dieses ließ das Kind im Sandkasten zum »Bild« werden. Es ist der dynamische Komplex, der es verhindert, daß er sich der Geborgenheit einer schützenden dunklen Nacht-Mutter anvertrauen kann. Er muß immer »alle Augen offen halten«, da der Todesaspekt zum negativen Komplex aufgeladen war.

Das mörderische Bild, mit dem er sich im Schutz des diagnostisch therapeutischen Raumes konfrontiert sah, zeigte die unpersönlich mythologische Form der kollektiven Bilder der Tiefenschicht der Psyche. Die Dimension des Todes, bei dem dem Sand anvertrauten Bild, ist größer als das Angebot von Leben. Die Ausweglosigkeit einer solchen Innensituation macht verstehbar, wenn ein Mensch in einer solchen Ver-ein-samung nachgibt und das »Nein« zum Leben stärker wird als das »Ja«.

Das *Ja* zum Leben ist die Empfängnisstunde, ist das Schöpfungsmythologem schlechthin. Es ist Lebensbejahung beziehungsweise Bejahung des Selbst und aus dem Selbst heraus. Aber auch der Schöpfergott selber hat den Geist der Verneinung in seine eigene Schöpfung hineingenommen – aus der inneren Freiheit der Polarität heraus, die erst aus beidem das *Eine* werden läßt. Erst aus dem »Nein« ist die Selbstbejahung erkennbar und erfahrbar. Und hier erst beginnt Leben und Rhythmus, weil hier erst Weg und Bewegung entsteht. Leben beginnt im Widerspruch. Erst die Dissoziation in ein »Nur-Ja« oder in ein »Nur-Nein« führt im theologischen Raum zur Sünde, führt im medizinischen oder psychologischen Raum zur Neurose. *Nein* kann Schicksal und Aufgabe sein und wird dann leidvoller Weg. *Nein* als eigenes Prinzip wird zum Komplex und stürzt theologisch in die Hölle, wird hier satanisiert und zum Widersacher des Lebens – wird zum dunklen Trabanten der Nemesis oder Hekate, die den Tod triumphieren läßt und Geburt im Tode verhindert. Psychologisch bewirkt es das immer nicht ganz im Dasein Sich-Befinden, immer im Morgen, im Bald oder im Gestern – das am aktuellen Erleben Vorbeiziehen.

Und dennoch drängt in die Kollektivität und Unpersönlichkeit dieser archetypischen Signaturen das Wort des Kindes über die Bäume: »... die braucht man doch.«

Die intuitive Sicherheit dieses Kinderwortes ist nicht in seinem Ich-Bewußtsein, sondern entspringt der Weisheit seines Unbewußten. Seine Worte wurzeln in der Schatzkammer der archetypischen Seelenschichten und zeugen von den Urbildern archaischen Menschheitswissens. Die folgenden Bilder zeugen von der ungebrochenen Verbindung zwischen der jeweiligen Ich-Instanz und den immer erneut aus der Selbst-Matrix, beziehungsweise den energetischen Komplexfeldern transcendierenden Energien in den Symbolchiffren.

Aus dem ägyptischen Kulturraum stammt das Bild (siehe Abb. 62), auf dem die große Muttergöttin Isis in Baumgestalt den Sohn-Bruder nährt. Mythologisch ist es die Zeit der Fruchtbarkeitskulte, in denen die Natur selber mit allen in ihr wohnenden Gesetzen das Leben des Menschen beherrschte und ritualisierte. »... Bäume braucht man doch ...«

Das nächste Bild zeigt den pränatalen »Lebensbaum, den Lebensbaum für den Embryo«, den »Mutterkuchen«, der für neun Monate alle Nahrungsstoffe bereit hält. (Siehe Abb. 63). Das nächste Bild, eine Röntgenaufnahme eines Embryos im Mutterleib, zeigt, wie innig sich das Kind mit der nährenden Nabelschnur verbindet, die sein Leben garantiert. (Siehe Abb. 64).

Das nächste Bild (Abb. 65) zeigt eine aus Ebenholz geschnitzte Baum-Mutter, die aus Afrika stammt, wo bei einzelnen Stämmen matriarchale und patriarchale Tendenzen gleichwertig ritualisiert nebeneinander bestehen. Es ist das Herz des Baumes, was hier die Geborgenheit im schützenden Stamm vermittelt. »... Bäume braucht man doch ...«

Ein dunkler Schatten liegt im christlichen Mythos über dem Baum. Er verbindet sich mit Verrat, Schuld und Sünde. Auf einer sehr schönen mittelalterlichen Miniatur von Berthold Furtmeyr (siehe Abb. 66) wird der **Lebensbaum und der Erkenntnisbaum mit einem gemeinsamen Stamm** dargestellt: auf der einen Seite des Baumkopfes ist der Kreuzbaum mit dem Gekreuzigten als Symbol des ewigen Lebens zu sehen. Auf der anderen Seite erscheint ein Totenschädel. Am Stamm erhebt sich die Schlange und reicht Eva die Frucht göttlichen Wissens und der Erkenntnis des Gegensatzes. Neben dem Baum stehend eine üppig und vital aussehende Dyade der beiden Frauen: nackte Tatsachen auf der einen und spirituelle Weisheiten auf der anderen Seite austeilend. Jahrtausende Bewußtseinsentwicklung sind hier chiffriert. Und im Kreuzgang des Domes zu Brixen findet man in der achten Arkade (siehe Abb. 67) ebenfalls Adam und Eva neben dem Baum der Erkenntnis und gleichzeitig die sieben Todsünden von dämonisch aufgeladener Aggressivität, die im Zusammenhang mit dem Baumereignis im christlichen Mythos entbunden werden. Im religiösen Gegensatz dazu steht der Lebensbaum im indischen Kulturraum. (Siehe Abb. 68). Hier reichen die heiligen Schlangen bis in den Baumwipfel und demonstrieren die Lebenskraft aus dem chtonischen Bereich im Bilde des erektiven Sich-Erheben-Könnens. Menschen und Tiere sind Früchte des Baumes und werden von ihm ernährt und beschützt.

Im Vergleich zu diesen künstlerischen und vorwiegend bewußten Darstellungen aus dem mythologisch-religiösen Raum kann ein unbewußtes, spontan gemaltes Bild etwas von der unverändert lebendigen Dynamik archetypischer Symbolbilder erlebbar machen. Es stieg aus dem Unbewußten einer jungen Frau auf, die sich während ihrer Individuationsanalyse in der Auseinandersetzung mit der Ganzheitsthematik der psychischen Selbstinstanz befand. Gerade dieser stark in die Introversion führende Dialog läßt immer wieder Bilder aus der archaisch-mythologischen Tiefenschicht der Seele aufsteigen, als Antwort auf Fragen nach der eigenen Identität. (Siehe Abb. 69).

Auch auf dieser Malerei steht der Baum im Zentrum. Aber im Gegensatz zu der aufgerichteten Schlange des oben beschriebenen Bildes trifft sich hier eine Schlange mit einem Auge, wobei das Auge als symbolischer Vertreter des Bewußtseins betrachtet werden kann. Es scheint so, als versuche die Analysandin zu den eigenen Wurzeln hinzuschauen, um die Kraft zu erkennen, die aus der Verbundenheit mit der Tiefe fließt. Die Schlange schließt sich wie ein Kreis um den Stamm, liegt dem Baum quasi zu Füßen und stellt damit das lebendige Runde dar. In der Stammitte, sehr nahe dem Kopfbereich, sieht man zwei Augen, die in sonderbarer Weise nach Innen zu sehen scheinen, als wollten sie den aufsteigenden Lebenssaft beobachten. Sie enthalten wohl aber auch den Hinweis auf die grundsätzlich in jedem Menschen angelegte Fähigkeit der Wahrnehmung innerer seelischer und körperlicher Vorgänge.

Die Analysandin assoziierte zu ihrem Bild:». . . Merkwürdig, der Baum sieht wohl mit der Wurzel oder aus den Wurzeln heraus. Er sieht so aus, als würde er von der Schlange beschützt. Das Auge sieht viel, die Schlange sieht eigentlich nach innen. In der Mitte sieht es ein bißchen nach Tränen aus. Da sitzen wohl meine Ängste. Und in den Zweigen hängt der Mond. Er macht den Baum eigentlich zum Menschen. Dadurch geben die Zweige irgendwie Signale. So wie: Lieber Gott, mach mich fromm, daß ich in den Himmel komm'. Laß den Mond am Himmel stehn und die stille Welt besehn . . .« Und zum Schluß meinte sie noch – und wieder taucht der Satz auf: Bäume braucht man doch –: »Das ist wohl ein wichtiger Baum. Das ist mein Baum, vielleicht bin ich das auch selber.«

In diesem Bild findet sozusagen das innere Leben eines Menschen antizipatorisch Anschluß an die Wurzeln, die ja auch eine Verwurzelung symbolisieren mit der weitreichenden Dynamik von Nahrung, haltender Kraft und immer wiederkehrender schöpferischer Entfaltung.

In vielfachen Variationen taucht als heilende und heilkräftige Chiffre immer wieder der Baum auf, und immer wieder staunt man bei der vergleichenden Forschung über den Analogiereichtum in der gesamten Menschheitsgeschichte. So zeigt das unbewußte Bild einer 43jährigen Analysandin eine überraschende Ähnlichkeit mit einem Banyan-Baum aus Indien, in dessen Fußbereich einen kleinen Tempel als Heiligtum des Baumes und in Erinnerung an den Schutz des Baumes für den betenden Buddha, als Dämonen ihn vernichten wollten. (Siehe Abb. 70 und 71).

Das unbewußte Bild vermittelt mit der schlafenden Gestalt im Wurzelbereich des Baumes tiefe Geborgenheit, wobei gleichzeitig lange, feine Wurzeln aus dem Kopfbereich des Baumes in die Tiefe reichen und hierdurch eine dynamische Verbindung zwischen oben und unten hergestellt wird. Im Dialog über das Bild tauchte die Frage auf: »Ob hier wohl etwas geboren werden will?«

Der sich öffnende Stamm, der etwas aufnimmt, um zu verbergen oder zu schützen, gehört ebenso zu den Ur-Symbolen wie das Sich-Öffnen, um zu gebären oder nach Verwandlung zu entlassen. Der Baum stand von jeher im Zentrum kosmischer Ganzheit. Mythen und Märchen künden in zahlreichen Versionen davon. Der schöne Frühlingsgott Adonis wird von seiner in einen Baum vewandelten Mutter Myrrha aus dem Stamm geboren, ein aus dem griechischen Mythos stammendes Mythologem von Schuld und Strafe, aber auch von der ewigen Wiederkehr und damit der Verheißung von heilem und heilendem Leben. (Siehe Abb. 72)

Diese archetypische Signatur mischt sich aber auch in den Transcendenzraum unbewußter Symboldynamik und ermöglicht auch hier Bewußtseinserkenntnis und -wandlung. Das erlebte eine Analysandin im Zusammenhang mit der Bearbeitung einer über lange Zeit sehr unbewußt gebliebenen »Mutterproblematik«. Sie hatte, durch einen tragischen Unfall nicht mehr in der Lage, Kinder zu gebären, lange Zeit sehr darunter gelitten, weil sich bei ihr unbewußt ein mächtiger Minderwertigkeitskomplex und das Gefühl, unvollständig und sinnlos zu leben, eingestellt hatten. Der Individuationsweg der analytischen Selbsterfahrung führte die junge Frau durch schwierigste Widerstandsphasen, in denen das Ringen um die Annahme und Gestaltung ihres eigenen Schicksals sie oft bis an den Rand ihrer Tragfähigkeit belastete. So waren diese Bilder eine späte Frucht ihrer Bemühungen und erfüllten sie mit tiefer Dankbarkeit. *»Bäume braucht man doch«*, konnte auch für sie zu einer entscheidenden Lebenschiffre werden.

Ihre lange Zeit dauernde kühl abwehrende und ihren gesamten Lebensraum bestimmende »Magersüchtigkeit« war aufgehoben worden.

Die drei Bilder entstanden spontan innerhalb einer Woche. (Siehe Abb. 73, 74, 75). Im intensiven Bilddialog wurde etwas spürbar von den an sich warmen, spendenfrohen und fruchtbaren Wurzeln ihrer eigentlichen Persönlichkeit. Ihr Einfallsreichtum fand mühelos »Titel« für die Bilder. Ebenso mühelos konnte sie sich in das »Ich bin es selbst« der emotionalen Konfrontation einlassen. »Die Trauernde und die Baummutter«, »Die Schwangerschaft und das Kreuz im Kind« und »Entbindung und Integration« beinhalten das schöpferische Spektrum dieser Innenbegegnung und belassen in der Symbolchiffre, wozu v i e l e Worte notwendig wären, um es zu e r k l ä r e n.

Ur-Beziehungen herrschen zwischen dem Menschen und der Baumwelt schon seit jenen Zeiten, in denen Mythen und Sagen die geistig-seelische Existenz des Menschen bestimmten. Der Reichtum seiner »materiellen« Geschenke wurde von jeher dankbar akzeptiert, aber im Laufe der Entwicklung auch funktionalisiert. Überraschend aber ist der immer wieder fast unerschöpflich anmutende Symbolreichtum, der sich innerpsychisch um die Lebensdynamik des Baumes rankt. Von daher wird aber auch verstehbar, mit welcher Kraft das Ur-Bild als heilende Chiffre aus den Tiefenschichten der Seele auftauchen kann.

Bäume braucht man doch ... Immer noch geleitet diese intuitive Wegchiffre des kleinen Thomas diese Überlegungen und den Bilder-Weg, wie die beiden nächsten unbewußten Bilder andeuten. (Siehe Abb. 76 und 77).

Sie wurden im Abstand von vielen Wochen gemalt – andere Bilder liegen dazwischen – von einer Frau, die den tragischen Tod ihres ältesten Kindes als nicht zu bewältigenden Schicksalsschlag erlebte und seitdem verbittert und resigniert am Lebenssinn verzweifelte. Die Opposition gegen »einen solchen Gott«, der so grausam und mitleidslos Leben vernichtete – ihre Tochter war an einer Krebserkrankung gestorben – vernebelte ihre eigentliche Verbundenheit zum geistig existentiellen Raum. Sie war unschöpferisch und unzufrieden geworden, und ihre warme und an sich reiche Persönlichkeit lag wie unter einer Schneedecke.

Es ist möglich, daß es das innerseelische Blindwerden war, was bei ihr schließlich zu einem Unfall führte – sie stürzte eine Treppe hinab – und sie für längere Zeit ans Bett im Krankenhaus fesselte. Die dabei erlebte Hilflosigkeit – sie mußte sich ja wie ein Kind betreuen lassen –, und die körperlich schmerzhafte Leidenszeit, vielleicht auch nahe Gespräche mit Menschen, die ihr zuhörten, führten allmählich zu einer Lysis ihrer aggressiven Verhärtung.

In dieser Zeit malte sie eines Tages ein Bild (76), auf dem in einer auffallend sanften Frühlingslandschaft zentral im Bild ein Baum steht, in dessen oberer Mitte wie in einer eiförmigen Umarmung eine Frau geschmiegt ist, die ein Baby im Arm hält. Es ist der »Mutter-Kind-Baum«, schützend und bergend und aus der Ganzheit heraus alles Wachstum ermöglichend. Das Bild läßt die Phantasie entstehen, als hätte die Rücknahme der Projektion allen Un-Heils auf den so schmerzlichen Verlust der geliebten Tochter, den eigenen inneren seelischen Bereich mütterlicher Erfahrnis von Trennung und Geburt, etwas frei werden lassen für die symbolische Wiedergeburt eines inneren Kindes. Psychodynamisch könnte das eine Rückfindung zur eigenen Ganzheit und Selbstmatrix antizipieren. Der Todesschmerz der Mutter erfährt hier ein Transcedere in die tiefe Trauer um das individuelle Schicksal der Tochter und damit eine Freigabe an eigenes Sein und Werden.

In einem viel später entstandenen Bild (siehe Abb. 77) entstehen verheißungsvolle Symbolchiffren, die den Suchweg der Trauer bestätigen.

Das Lebensschiff ist wieder auf dem Meer, es trägt den »Schmerzensbaum«, der nicht mehr abgewehrt zu werden braucht, der, wie das Spiegelbild im Wasser zeigt, weit in die Tiefe reicht. Es regnet, so wie die Patientin auch endlich weinen konnte. Der Horizont ist licht und weit geworden. Das kosmische Gestirn wird als Mond signalisiert: es sei ein Morgenmond, der ginge, weil die Sonne in Kürze über dem Horizont aufsteigen würde. Der ganze Horizont zeigt einen leichten Goldschimmer; der Kruzifixus erreicht in dieser Schwellensituation eine silbrige Durchsichtigkeit, als könnte das Element des Leidens nunmehr in den spirituellen Bereich geistiger Verarbeitungsmöglichkeit integriert werden.

Mit erstaunlicher Konsequenz und Beharrlichkeit zeigen sich die Ur-Bilder und die Gültigkeit der archetypischen Engramme in den unbewußten Gestaltungen. Die Seele ahnt und weiß oft, wovor das Ich-Bewußtsein zurückschrecken kann, wenn die Verbindung zu den religiösen Kräften unterbrochen ist. In einem unbewußt entstandenen Bild wird dies auch in der End-Gültigkeit seines Schicksals deutlich, erkennbar und ausgesprochen (siehe Abb. 78): »Da ist Götterdämmerung und das Reich geht unter. Alles kehrt wieder an seinen Anfang zurück. Ich bin es müde. Ich brauche keine Sonnenaufgänge mehr.«

Hier ist der Baum im rechten Bildraum abgestorben und bereits zum Geisterbaum geworden. Das Tagesgestirn in der Bildmitte »geht unter« mit einem weit nach links und oben gerichteten Auge, »abschiednehmend« mit einem letzten »Augen-Blick«. Die Stufenleiter, nur angedeutet ganz am linken Bildrand, in den Farben »rot und gold, wie irdisches und ewiges Leben...«.

Auch bei diesem Patienten realisierte sich die innere Wahrheit dieser in Wort und Bild aufsteigenden Todesthematik und schien einzumünden in die im rechten Bildbereich dargestellte »Rundheit und Ganzheit im Dunkeln«.

Die Betrachtung des Baumes als eines der Symbole der psychischen Ganzheitsdynamik soll beendet werden mit dem unbewußten Bild einer jungen Frau, auf dem sie den Lebensbaum zwischen Himmel und Erde darstellt (siehe Abb. 79) und dem großen Buddha-Baum (siehe Abb. 80) als kosmischem Zentrum und umfangende Kraft allen Seins.

Noch immer wächst der Baum des Lebens und der Erkenntnis in der Seele des Menschen, und noch immer wird von ihm gegessen, bevor das Paradies verlassen werden muß. Und immer wieder ist es das Elternpaar oder sind es die Stammeseltern, die das archaische Grundgefüge einer seelischen Anfangssituation bewirken. Der Christbaum erhellt in jedem Jahr von neuem die dunkelste Nacht und holt das Urbild der alten Sonnengötter herauf, den geistigen Seinsbezug der Mythen und Urbilder. Der Baum gehört in besonderer Weise zu den dynamischen Selbstsymbolen[25]. Mit seiner wurzelhaften Verbindung zur Erdtiefe, seinem natürlichen Bewegungs- und Wachstumsimpuls in den kosmischen Raum durch den tragenden Stamm, die Kraft, sich aufzurichten, gleicht er dem Menschen: der Stamm wächst durch das Licht des Kosmos empor, der Mensch durch die Kraft des Ich-Bewußtseins.

Es war also, als könnte das Kind Thomas ahnen, daß in diesem flüchtig auftauchenden Bild die zu erwartende und notwendige therapeutische Regression zu den heilen Wurzelschichten seiner Seele stattfinden müsse. Wie tief dies reichen kann, demonstrieren vergleichsweise »Baumbilder« aus dem embryonalen Raum. Intuitiv erfaßte Thomas die Bedeutung des aufgerichteten Baumes, der die Erektivität seiner schöpferischen Ich-Entwicklung sichern könnte. Aber es bestand für ihn noch keine Möglichkeit zur Regression. Seine Ich-Kräfte reichten gerade aus, um den Kampf mit der Umwelt zu bestehen. Das Baummotiv bietet aber auch den therapeutischen Ansatz zu einer neuen Verwurzelungs*möglichkeit*. Er muß quasi seinen eigenen neuen Baum pflanzen, nachdem der Erdschoß frei geworden ist vom fressenden Komplex. Die Lebensverwurzelung, die ihm im Schoß der persönlichen Mutter so bedrohlich in Frage gestellt worden war – das Nein zu seinem Werden und Sein – mußte nun von ihm selber aus den Ursignalen seines »Dennoch-Lebens« entdeckt und im eigenen Schöpfungsmythos integriert werden. Er mußte im symbolischen Prozeß im eigenen Selbst neu empfangen und geboren werden, damit die Nabelschnur der transzendenten Funktion seinem Ich-Bewußtsein die Kräfte des inneren Lebens zuführen konnte.

DYNAMISCHE SELBSTSYMBOLIK

Die psychische Instanz des Selbst ist nicht nur Geburts- und Mutterstätte für das Ich, sondern es bleibt der heile und potentiell heilkräftige Bereich, der bei allen psychischen Störungen sich autonom als bergender Schoß anbietet für das »reculer pour mieux sauver«. Von daher wird der in den psychotherapeutischen Behandlungen immer wieder zu beobachtende heilende Effekt der therapeutischen Regression verstehbar. Gerade im Bereich der traumatisierenden Engramme (Fixierungen) stößt die regredierende Libido im energetischen Bereich der Komplexe auf die aus dem heilen archetypischen Raum aufsteigenden positiven und verwandelnden Energien (durch Symbolassoziationen), die – in Symbolen gebunden – dem Bewußtsein zur Integration angeboten werden. Dabei kann es dann zur Rücknahme der unbewußten Projektionen auf Außenobjekte kommen, weil diese projektiven Energien für die Symbolbildung selber gebraucht werden.

Von daher haftet dem Selbst-Begriff etwas Numinoses an und enthält auch für das Ich tatsächlich einen Erlebnisbereich von Numinosität im Ich-Selbst-Beziehungsfeld. Diese Numinosität eines inneren *Selbst-Erlebnisses* ist zwar unter Umständen durch das Bild, zum Beispiel ein Traumbild, oder eine aktive Imagination verbalisierbar, läßt sich aber oft auch nicht in Worte übersetzen. Die Erfahrbarkeit der energetischen, also psychisch-geistigen Wirkung, erreicht dann nur das eigene Ich-Bewußtsein. Gerade dann aber ist auch die Wirkung tief, verwandelnd und nachhaltig.

Seit Jahrtausenden weiß die Geisteswissenschaft des Ostens um die dynamischen Gegensätze des Mikrokosmos innerhalb des Makrokosmos und hat dafür Bilder geschaffen, die das innerste Wesen symbolisieren. (Siehe Abb. 81). Diese Darstellungen zeigen die »tausendfältigen Manifestationen der Gegensätze«. Ein Feuerkreis soll mit seiner reinigenden Kraft das Un-Wissen im Ich-Bewußtsein verbrennen und damit alle negativen Einflüsse hemmen. Ein Lotoskreis deutet die Wiedergeburt in den jahreszeitlichen Wiederholungen, aber auch die spirituelle Neugeburt. Die schöne Blüte mit ihrer reinen Farbe auch ein Sonnenlichtträger trägt in sich auch den Gegensatz, da die Pflanze aus der Tiefe des Erdschoßes, aus dem Sumpf herauswächst. Im Lotos-Kreis befindet sich dann das Quadrat des transcendenten

Raumes, wobei die Vier wiederum eine Ganzheit symbolisiert.

Der Selbstbegriff verbindet sich heute vielfach mit positiven Inhaltsvorstellungen und -wünschen. Es ist so, als könnte das Ich-Bewußtsein ahnen, welche Vollständigkeiten in den dunklen Tiefenschichten der Psyche angelegt sind, um sich in Träumen und anderen unbewußten Gestaltungen zu manifestieren. Das gesamte Lebenswerk von C. G. Jung stellt mit einer Überfülle von Erfahrungsmitteilungen und Bilddokumenten eine unschätzbar reiche Quelle für die Forschung und Erforschung dar.

Dabei darf vor allem für den praktischen Gebrauch im Umgang mit dem kranken Menschen nicht vergessen werden, daß gerade auch die Dunkelsignale aus dem Bereich der Selbstmatrix ihre Warn- und Schutzsymbole zur Verfügung stellten. (Siehe Abb. 82). Das folgende Bild zeigt eine Darstellung der »zornvollen Gottheiten«, der dunklen, dämonischen Aspekte, die gleichzeitig Schutzgottheiten sind, oft umgeben von einer flammenden Aureole – vielköpfig, vieläugig, bewaffnet und mächtig: zur Überwindung und Bekämpfung von Dummheit, Torheit, Unwissenheit und Gefahr.

Es gibt auch Darstellungen, auf denen sehr eindeutig der lichte und der dämonische Aspekt dargestellt wird. (Siehe Abb. 83). Auf dem nächsten Bild ist der lichte Aspekt durch ein Mandala im oberen Bildraum und der dämonische Aspekt durch eine zornvolle »Gottheit« dargestellt und bildet dadurch ein besonders eindrucksvolles Tantra.

DIE DUNKELSEITE DES SELBST

Zur Ganzheit der Selbstsymbolik und Dynamik gehört die dunkle und dämonische Seite und mischt sich kontinuierlich in den Lebensdialog. Während der Regressionsdynamik können Zustände depressiver Gefühlstönung oder auch archaisch-mythologischer Umbruchsbilder von Tod, Zerstückelung, großen Naturkatastrophen, Überschwemmung, Sintflut und Erdbeben als dämonische Ereignisse auftreten. Hierbei spielt das Element des *Diabolischen* im Sinne einer als *gefährlich* erlebten Dissoziation eine weit verbreitete in das Wort oder in das Bild gelangende Rolle. Die dunklen, dämonischen, abgründigen und negativen Anteile gehören in das Gleichgewicht des Kräftespiels vom Gegensatz. In manchen Ich-Vorstellungen werden sie moralisch als böse eliminiert – besonders bei intellektuell einseitiger Betrachtungsweise – und dann tritt eine Dissoziation der Werte ein. Selbstbewußtsein wird zum Makel, und die polypotente Welteroberung des Kindes stößt allzuschnell auf die Kategorien der Erwachsenen, die bestimmt werden von Eifersucht, Mißgunst, Minderwertigkeitsgefühlen, Machtstreben etc.

Man hat manchmal den Eindruck, als hätte das Ursprungswort der Schöpfung: *Es werde Licht* – diese Vorhersage des sich Erhellens – den Menschen nun eingeholt, und als würde das Bewußtsein versuchen, sich ein neues Gegenüber zu schaffen. Anstelle der geistigen Verbundenheit mit dem Wesen des Schöpferischen, oder wie immer man es nennen will, tritt das machbare und manipulierbare »Objekt« – und noch spürt die Seele nur ahnungsweise, welche verheerende Wirkung von diesem mechanisierten Gegenüber ausgeht. Die Erwartungshaltung des Funktionierens mißt sich nicht mehr an den freien, kosmisch veränderlichen und rhythmisch eingebetteten Naturabläufen, sondern an Drehzahl, Verbrauch und Leistungsquotient. Kinder kennen schon vor Schulbeginn viele Automarken, aber sie wissen oft nichts mehr von Blumen, Bäumen oder kaum noch von Tieren. Gottes »Schöpfung« aber war noch »Selbstdarstellung« und Modell für jeden Lebensentwurf. Auch das kann man heute noch erfahren von den Kindern, wenn sie sich frei entfalten dürfen oder ein Gegenüber haben, dem sie ihre inneren Geheimnisse anvertrauen können. E. Dacqué spricht von der »Uridee des Menschen«, vom »Urbild, Ebenbild und Gegenbild, ... ein lebensvolles Du, Gott gegenüber.« In dieser Beziehung kann man nicht von Objektbeziehung sprechen – aber hier wird erkennbar, was es bedeuten kann, eine Beziehung zu seinem Selbst zu haben.

Hierin liegt aber auch gleichzeitig der Appell, die Signale des Unbewußten in ihrer Zielgerichtetheit und individuellen Planung der jeweiligen Persönlichkeit des Patienten einzuordnen und den individuellen Heilplan eben nach diesen Signalen aufzustellen.

Für jeden Europäer erschreckend wirkt das Bild der dunklen Göttin Kali (siehe Abb. 84), die sich selber opfernd, andre Aspekte von sich – eben dunkle und lichte – ernährt im ewigen Wissen des schöpferischen mysterium conjunctionis.

Aus der RIGVEDA, den ältesten Schriften Indiens (1200–500 v. Chr.) vom Ursprung des Seins und dem Beginn des Gegensatzes:

Das Weltschöpfungslied

> Damals war nicht das Nichtsein, noch das Sein,
> Kein Luftraum war, kein Himmel drüber her. –
> Wer hielt in Hut die Welt; wer schloß sie ein?
> Wo war der tiefe Abgrund, wo das Meer?
>
> Nicht Tod war damals, noch Unsterblichkeit,
> Nicht war die Nacht, der Tag nicht offenbar. –
> Es hauchte windlos in Ursprünglichkeit
> Das Eine, außer dem kein andres war.
>
> Von Dunkel war die ganze Welt bedeckt,
> Ein Ozean ohne Licht, in Nacht verloren; –
> Da ward, was in der Schale war versteckt,
> Das Eine durch der Glutpein Kraft geboren.
>
> Aus diesem ging hervor, zuerst entstanden
> Als der Erkenntnis Samenkeim, die Liebe; –
> Des Daseins Wurzelung im Nichtsein fanden
> Die Weisen, forschend in des Herzens Triebe.
>
> Als quer hindurch sie ihre Meßschnur legten,
> Was war da unterhalb? und was war oben? –
> Keimträger waren, Kräfte, die sich regten,
> Selbstsetzung drunten, Angespanntheit droben.

Doch, wem ist auszuforschen es gelungen,
Wer hat, woher die Schöpfung stammt, vernommen?
Die Götter sind diesseits von ihr entsprungen!
Wer sagt es also, wo sie hergekommen? –
   Er, der die Schöfpung hat hervorgebracht,
Der auf sie schaut im höchsten Himmelslicht,
Der sie gemacht hat oder nicht gemacht,
Der weiß es! – oder weiß auch er es nicht?

DAS INNERE KIND

Die unbewußte Psyche weiß um die Geheimnisse der biologischen und kosmischen Zusammenhänge. Nur das immer junge Ich-Bewußtsein möchte in Worten wissen, in der Abstraktion erfahren, was die Menschheitsgeschichte bereits geschrieben hat. Oft meint man, man habe *die* Wahrheit gefunden und muß dann immer wieder feststellen, daß es *eine* und möglicherweise nur *meine* Wahrheit war. Aber gerade hier findet man sich selbst.

In diesem Zusammenhang sind der Traum und das Bild einer Patientin aufschlußreich, da sie vermitteln, wie intensiv Bild und Wort im inneren Dialog in Verbindung treten können und innere Erfahrung zum Wegweiser für die Lebensgestaltung enthalten. Der Traum:

»Ich bin im Lande der Toten, es sind aber Lebende, sodaß ich es zunächst nicht merke. Ich sehe nur Männer. Langsam merke ich eine Bedrohung, die deutlicher wird, als ich mich dem Ausgang nähere, der wie eine normale Sperre mit einem Drehkreuz ist. (Siehe Abb. 85). Einige Männer versuchen, mich aufzuhalten, können mich aber nicht berühren. Der Sperrenwärter läßt mich auch durch. Aber nun gerate ich erst recht in ein mörderisches Gebiet mit eisigen Stürmen, die alles vernichten. Irgendein Mann ist auch noch durch die Sperre gekomen, der offensichtlich zu beiden Reichen gehört. Er ist mitleidig zu mir, sagt aber nur, wenn ich durchhielte, würde es vielleicht gehen. Er spricht die Worte nicht, sondern vermittelt sie mir nur irgendwie. Es ist entsetzlich und schaurig und einsam. – Dann glückt es aber doch. Ich komme in bewohnte Gegenden und habe nur den einen Wunsch, irgendwo unterzukriechen und meine totale Erschöpfung auszuschlafen, wenn nötig, auch auf der Straße oder in einem Gebüsch. Dabei sehne ich mich aber nach einer Zudecke und etwas Wärme. Eine ältere Frau entdeckt mich und nimmt sich meiner wohl in dem Sinne an. Da ist auch der Mann wieder, der mich durch die Sperre begleitete. Und plötzlich ist auch das Kind *wieder* da, das ich die ganze Zeit bei mir trug und um dessentwillen überhaupt der ganze Weg ging. Ich denke, daß es tot sein müßte nach all dem Schrecklichen, aber es hatte ganz warme Füße, ist ein kräftiger Junge und blühend gesund.«

Die schwere körperliche Erschöpfung spielte zur Zeit dieses Traumgeschehens eine bedrohliche Rolle für die Patientin, die sich über lange Zeit hin – bedingt durch vielfältigste Außenverpflichtungen – weit über ihr eigentlich zur Verfügung stehendes, vor allem körperliches Potential überfordert hatte. Die »Todes-Drohung« enthielt also ein rezentes Warnsignal. Aber der Traum-Weg zeigt sie auch in ihrer ausgesprochen durchhaltefähigen Kraft, die ganz offensichtlich mit ihrer »männlich-geistigen« Wesensseite in Zusammenhang – ein kräftiger Junge, blühend und gesund – stand.

Der Dialog über diesen Traum läßt deutlich werden, wie stark hier Bild und Wort eine Verbindung eingegangen sind. Im Lande der Toten begegnet der Träumerin das Leben. Es gibt keine Unterscheidung zwischen Tod und Leben, sondern beides gehört zusammen. Es ist so, als ob sie hier in einem Innenraum oder Innenbereich hineingelangt wäre, in dem das Bewußtsein in der Lage ist, beides zur gleichen Zeit zu sein. Es ist Sein und Weg, Wissen und Erfahrung, Einsamkeit und Dualität, Verloren-Sein und Gerettet-Werden. Das Bild, das dazu gemalt wird, läßt an einen leuchtenden, wie bewußten Schlaf denken, in dem das Innere wach wird und schöpferisch und als wäre es möglich, einen bewußten Sterbeweg zu gehen. (Siehe Abb. 86).

Assoziation der Patientin zum Traum: »Es war sonderbar im Traum. Ich hatte ein ganz starkes Gefühl, daß ich *bin*. Es war ein Gefühl außerhalb der Zeit, aber als ich dann wieder in bewohnte Gegend kam, setzte plötzlich bei mir ein intensives Zeitgefühl ein. Ich trug im Traum ein großes, dunkles Cape, das mich ganz umhüllte, das war sonderbar, daß ich mich am Traumende an das Kind, das ich ganz fest an meiner Brust geborgen hielt, erinnerte, um dessentwillen ja überhaupt das ganze Traumbild oder das, was im Traum geschah, sich ereignete.«

Die assoziative Ergänzung des Traumbildes mit dem Hinweis auf die Wichtigkeit des Kindes, läßt hier daran denken, daß es sich um den »Kindweg«, um den Weg zur Selbstfindung handelt. Sie trug ja das Kind quasi an oder in ihrem Herzen und hatte es darin auch tief geborgen, stand aber wohl gleichzeitig auch selber ganz im Schutz dieser schöpferischen Kraft. Man könnte versucht sein, hier die Worte des Jesus von Nazareth zu assoziieren: »Ich bin – ich bin der Weg«.

In den Mythen und Märchen spielt das Symbol des göttlichen oder heiligen oder besonderen Kindes eine große Rolle. Es ist umgeben von Geheimnissen, es ist bedroht, es steht gleichzeitig im Schutz, es ist verborgen und offenbart sich, es enthält die Totalität des Anfangs und des Werdens: es ist im Bild des heiligen Kindes die Manifestation des ewigen Gottes.

Als symbolisches Bild im Traum, in der aktiven Imagination oder im unbewußten Bild signalisiert es die schöpferischen Energien der Gesamtpersönlichkeit und evoziert die schöpferisch-gestalterischen Kräfte des Ich-Bewußtseins.

In sehr urtümlicher Weise sah sich auch ein junger Mann mit seinen Innensignalen konfrontiert. Für diesen sehr rational und nüchtern denkenden Mann, der vor Beginn der Analyse kaum einen Zugang zu seinen verborgenen Wesensseiten hergestellt hatte, war dies in vielfacher Weise ein Abenteuer, dem er sich erst nach vielfältigen Widerständen und nach der Entdeckung seiner eigentlichen Begabung stellen konnte.

Unbewußt war er, bei bewußter Betonung seiner Männlichkeit, stark muttergebunden. Zahlreiche Partnerschaften kreuzten seinen Weg, wobei erhebliche Ängste vor längerdauernder Bindung ihn kontinuierlich an einer gültigen Beziehung vorbeilaufen ließen. Schließlich aber gelang es ihm doch, eine gleich ihm, sehr begabte Partnerin zu finden, mit der er die Ehe wagte. Nach einem Unfall trat eine schwere Krise auf mit reaktiver Depression und suizidaler Gefährdung. Ein Berufswechsel wurde notwendig und stellte ihn vor die Sinnfrage seines Lebens.

In einer therapeutischen Regressionsphase entstand eines Tages die flüchtige Zeichnung, die seine reflektierende und immer sehr schnell entwertende Haltung durchbrach (siehe Abb. 87): ». . . ein Kind, neugeboren oder reingefallen, das ist hier die Frage . . .« Kinder aber sind ganz und gar durch sich selbst, wenn man sie aus sich selbst werden läßt. Sie leben immer im Jetzt für das Morgen, aber ihr Führer ist das Sein von Gestern. Als Symbol enthält das Kind immer die Ganzheit aller Möglichkeiten. Die vielfache Dynamik, die auf der an sich so flüchtigen Zeichnung zur Darstellung kommt: Auftauchen oder in die Tiefe stürzen, »der wehende Wind«, das Fenster, das aber auch wie ein Tor aussieht, überraschte den Patienten sehr und rüttelte an seiner dogmatisierten Haltung des: »Das ist doch alles nichts . . .« Die unbewußte Symbolik, die sich über sein bewußtes Wollen hinweggesetzt und, für ihn sichtbar, seinen Stift geführt hatte, konnte von ihm als innerer Besitz erlebt werden, wenn zunächst auch noch genauso flüchtig, wie die Zeichnung selber entstanden war. Aber die Beziehung zwischen dem Ich und dem Selbst und damit die Möglichkeit im therapeutischen Raum die Regression in das neurotische Komplexfeld zu wagen, um schöpferische Möglichkeiten zu entbinden, hatte ein deutliches Signal gesetzt.

Die seiner Ratio so überlegene Tief-Sinnigkeit dieser Symbolchiffren erweiterte den aus Angst eingeengten Horizont seiner Bewußtseinsebene zumindest zum: »Na ja, es stimmt schon, ich habe es gezeichnet. Ich kann darüber nachdenken . . .«

Dieses vorsichtige Zulassen-Können eines inneren *Transcedere* aber bedeutet viel, weil es die Tür zu neuer geistiger Erfahrung öffnen kann.

So konnte dieser Mann tun, was ihm so lange verwehrt war. Er begann zu spielen und damit den Signaturen des Kindseins nach-zu-lauschen, indem er im Sandkasten fabulierte.

Das »Kind« lockte ihn in die Tiefe; es ermöglichte Regression und Progression im dynamischen Bereich des Trennungskomplexes[27].

Die symbolische Konfrontation im Sandkasten begann mit einem langen stummen Spiel mit dem trockenen Sand. Allmählich entsteht ein »toter Vesuv – der reicht sehr tief.« Ohne weiteren Kommentar setzt er einen Würfel mit dem einen Punkt nach oben in die Mitte des Vesuvs. (Siehe Abb. 88).

Gerade für diesen Patienten, der so sehr unter die »Macht des Wortes und der Begriffe« geraten war, mußte dieser averbale Bilddialog eine Libido-Verlagerung aus der Bewußtseinsebene bewirken. Die tiefe Regression wird im Bild deutlich, ohne daß der Patient allerdings die Bedeutung bereits erkenntnismäßig erfaßt.

Das symbolische Signal der Eins in der Tiefe evoziert vielfältiges Amplifikationsmaterial.

Sie ist Anfang und Ganzheit zugleich. Sie gilt als das »Eine« ebenso als ein Gottes-Symbol, wie aber auch als das Männlich-Schöpferische, der »Adam«, aus dem die Zwei- und Vielheit entsteht. Sie kann als Einmaligkeit die unverwechselbare Individualität des ein-zelnen chiffrieren. Als unbewußtes Signal bewirkte sie bei dem Patienten eine Auseinandersetzung mit der aktuellen Sinn-Frage seines Lebens: ». . . stehe ich an einem Anfang oder an meinem Ende?«.

Bei der nächsten »Bildgestaltung« (siehe Abb. 89) verdeutlicht sich der eigentliche Komplex der Trennung auch für den Patienten selber. Er läßt einen Friedhof entstehen und ironisiert den »sitzenden Tod« mit den segnenden Händen, die er auf »Steinköpfe legt ... Lauter Köpfe, vielleicht Hohlköpfe oder Gedankenmühlen, die alles zu Nichts vermahlen.« Aber er fühlt sich von seinen eigenen Worten bedrängt. Er verstummt, und in der Stille entsteht wohl so etwas wie ein innerer Dialog. Nach längerer Zeit meint er leise: »Komisch, das sieht irgendwie gütig aus, wie die Hände auf den Steinen liegen. – Ob der Tod wohl lebt?«. (Siehe Abb. 90).

Das Spiel mit den Steinen faszinierte ihn und ließ immer neue Variationen entstehen. Er vergaß sein Interpretieren-Müssen und spielte fast, als würden seine Hände ein Instrument in Bewegung setzen. Immer aber am Stundenende ereignete sich etwas Neues im Bild. So fand er einen handtellergroßen schalenförmigen schwarzen Stein, den er dem Tod zu Füßen und dahinein ein nacktes Baby legte. (Siehe Abb. 91). Er schweigt dazu, und erst im Dialog darüber taucht sein eigenes Wort vom Anfang oder Ende wieder auf. Er weiß nichts vom Mythologem der Geburt aus dem Tode. Sein Bildungsniveau aber hat das Repertoir der entsprechenden und gängigen, erlebnistoten Plattitüden zur Verfügung. Was ihm hier aber quasi durch die eigenen Finger gelaufen ist, rührt ihn an, ist nicht Gewußtes, sondern im Bild Entstandenes. (Siehe Abb. 92).

In die nächste Stunde brachte er fast etwas scheu ein Buch mit und meinte, daß dieses Sandbild wohl etwas mit seiner eigenen Situation zu tun haben müsse. Er las vor:

»O Herr, gib jedem seinen eigenen Tod,
das Sterben, das aus jenem Leben geht,
darin er Liebe hatte, Sinn und Not.
Denn wir sind nur die Schale und das Blatt.
Der große Tod, den jeder in sich hat,
das ist die Frucht, um die sich alles dreht.

»Ausgerechnet Rilke«, sagte er dann, als wäre es ihm peinlich und als müsse er sich entschuldigen. »Ich mochte ihn nie, aber eigentlich hat es mich auch immer irgendwo erreicht, wenn andere von ihm sprachen. In seiner Sprache wird das Wort zum Klang. Er hat viel Ungesagtes, was aber klingt. Und da ist etwas wie ein Zukunftsverheißung – ganz innen...«

Damit aber verschwand das Friedhofsbild. Er stellte in die Mitte des Kastens, etwa da, wo anfangs der Würfel mit der Eins stand, einen großen weißen, phallisch geformten Stein. (Siehe Abb. 93). Davor setzte er einen doppelschalenförmigen Stein mit einem weißen und einem schwarzen nackten Baby und in den Hintergrund eine etwas geheimnisvoll wirkende Figur aus Holz (ein alter Ast), die er mit einer Dämonenabwehrmaske krönte, wobei ihm die beiden Pfauenvögel (als Phönix, beziehungsweise Auferstehungs- oder Wandlungssymbole) besonders wichtig waren.

Der Regressionsbereich der Tiefe, des Todes, der Trennung und der Unbewußtheit konnte damit verlassen werden.

Das Abschlußbild dieser Serie zeigt ein bewegtes Meer mit einem Segelboot auf freier Fahrt: eine dynamische Grenze zwischen oben und unten, zwischen Höhe und Tiefe, zwischen der Ich-Bewußtseinsinstanz und der Selbstmatrix. (Siehe Abb. 94).

Die archetypische Wurzel des Selbst-Begriffs hat einen weiten und tiefen Hintergrund, und seine eigentliche Heimat ist die Religion. »Denn das höchste Wesen, welches das Herz der Welt darstellt, ist identisch mit dem höchsten Selbst (atman), dem Kern der menschlichen Existenz.«[28]

Der Umgang mit dem lebendigen Symbol im psychotherapeutischen Prozeß enthält als unbewußtes, individuelles Ziel die jeweilige Seins-Totalität des Menschen und fördert den erkennenden Bezug zu seinen anlagemäßig vorgegebenen Entwicklungsmöglichkeiten, ebenso wie zur Aktualität. Die Annäherung an diese *primären* Entwicklungsdominanten zeigt sich in den Träumen immer wieder durch Bilder, die in den Symbolkreis der Ganzheit gehören und die Annäherung zwischen dem Ich und dem Selbst bewirken können. Gerade diese Bilder sind es aber auch, die eine erlebnisträchtige Identität mit sich selbst enthalten, da sie trotz ihrer kollektiven Gültigkeit von stärkster Subjektivität sind. Sie verkörpern quasi das eigenste Innen, und anstelle der Dimension Abbild tritt die Dimension *psychisches Leben*. Gerade diese Bilder entziehen sich dem gewohnten Kontext bewußter Assoziationen und bleiben vermöge ihrer emotionalen Wirkung selber als Ganzes: die *Aussage*.

Es sind die Fußspuren der eigenen Bewußtseinsentwicklung aus der Ganzheit des Selbst heraus, die jeder in seiner frühen Kindheit durchlaufen hat, in denen im analytischen Prozeß die Erlebnis-Engramme aktiviert werden. Aus der Tiefe entspringt der Quell des Lebens, aus der Ganzheit des Schöpferischen und des Empfangenden entwickelt sich die Ganzheit des gestaltenden Ich-Bewußtseins: vom Selbst zum Ich. (Siehe Abb. 95).

Aus der Tiefe entspringt der Quell des Lebens, aus der Ganzheit des Schöpferischen und des Empfangenden entwickelt sich die Ganzheit des gestaltenden Ich-Bewußtseins: vom Selbst zum Ich.

Literaturverzeichnis Teil 1

1. C.G. Jung: Ges. Werke, Bd. 6. Psychologische Typen. Walter Verlag, Olten und Freiburg i. Brsg., 1971.
2. Sigmund Freud: Ges. Werke, Band 8. Zur Einführung des Narzißmus, S. 169. Imago Publishing Co. LTD, London 1943.
3. C.G. Jung: Symbolik des Geistes, S. 429. Rascher Verlag, Zürich, 1948.
4. C.G. Jung: Von den Wurzeln des Bewußtseins, S. 4. Rascher Verlag, Zürich, 1954.
5. op zit. S. 4.
6. Sigmund Freud: Ges. Werke, Bd. XV, S. 101. Das Unbehagen in der Kultur, S. 10–20. Fischer-Bücherei, Bücher des Wissens, Bd. 47.
7. M. Eliade: Ewige Bilder und Sinnbilder, S. 12. Walter Verlag, Olten und Freiburg i. Brsg., 1958.
8. M. Eliade: Die Schöpfungsmythen. Wissenschaftl. Buchgesellschaft, Darmstadt, 1980.
9. M. Eliade: Mythen, Träume und Mysterien. Otto Müller Verlag, Salzburg, 1961.
10. H.W. Eschenbach: Der Sohn im mütterlichen Dunkel, Almanach 1956 des Instituts für Psychotherapie und Tiefenpsychologie e. V., Stuttgart. Ernst Klett Verlag, Stuttgart.
11. John Sharkey: Celtic Mysteries, The ancient Religion. Thams and Hudson, 1979.
12. Erich Neumann: Die archetypische Welt Henry Moores. Rascher Verlag, Zürich und Stuttgart, 1961.
13. wie 11.
14. wie 11.
15. C.G. Jung: Ges. Werke, Bd. 12, S. 12. Walter Verlag, Olten und Freiburg i. Brsg., 1971.
16. C.G. Jung: Ges. Werke, Bd. 2. Experimentelle Untersuchungen über die Assoziationen Gesunder (Jung und Riklein) 1904/1906. Walter Verlag, Olten und Freiburg i. Brsg.; Verena Kast, Therapeutische Konzepte, Band 5. Das Assoziationsexperiment in der therapeutischen Praxis. Bonz Verlag, Fellbach, 1980.
17. C.G. Jung: Symbolik des Geistes, S. 47. Rascher Verlag, Zürich und Stuttgart, 1948.
18. C.G. Jung/Carl Kerenyi: Einführung in das Wesen der Mythologie. Rhein Verlag, Zürich, 1951.
19. Carl Kerenyi: Umgang mit dem Göttlichen. Vandenhoeck u. Rupprecht, Göttingen, 1955.
20. Nino Erné: aus »Der sinnende Bettler«. Karlsruhe, 1946.

21. Carl Kerenyi: Der göttliche Arzt. Wissenschaftliche Buchgesellschaft, Darmstadt, 1956.
22. Ovid: Metamorphosen, Freunde der Weltliteratur. Dietrich'sche Verlagsbuchhandlung, Wiesbaden, Mai 1953.
23. Lexicon der griechischen und römischen Mythologie. H. Hunger Verlag, Bruder Holeinek, Wien, 1952.
24. E. Neumann: Ursprungsgeschichte des Bewußtseins. Rascher Verlag, Zürich und Stuttgart, 1949.
25. Hugo Rahner: Griechische Mythen in christlicher Deutung. Rhein Verlag, Zürich, 1957.
26. C. G. Jung: Ges. Werke, Band 11, S. 82. Rascher Verlag, Zürich und Stuttgart, 1963.
27. Gebr. Grimm, Kinder- und Hausmärchen, Nr. 50. Manesse Verlag, Zürich.
28. Altägyptische Märchen: Der verwunschene Prinz. Eugen Dierichs Verlag, Düsseldorf, 1965.
29. Gertrude und Robin Blank: Angewandte Ich-Psychologie. Klett-Cotta, Stuttgart, 1974.
30. E. Neumann: Ursprungsgeschichte des Bewußtseins, S. 31. Rascher Verlag, Zürich und Stuttgart, 1949.
31. E. Neumann: Ursprungsgeschichte des Bewußtseins, S. 136. Rascher Verlag, Zürich und Stuttgart, 1949.
32. H. W. Stoll: Die Götter und Heroen des klassischen Altertums. Teubner Verlag, Leipzig.
33. W. H. Roscher: Lexicon der griechischen und römischen Mythologie, 1.1. n, Literaturhinweise. Georg Olms Verlag, Hildesheim, 1978.
34. M. L. v. Franz: Spiegelungen der Seele. Kreuz-Verlag, Stuttgart-Berlin, 1978.
35. U. Eschenbach: Therapeutische Konzepte, Band 1, S. 37–48. Bonz Verlag, Stuttgart, 1978.
36. C. G. Jung: Ges. Werke, Band 9/2, S. 15. Walter Verlag, Olten und Freiburg i. Brsg., 1976.
37. Nino Erné: Die weiße Narzisse. Geschrieben 1947, zuerst gedruckt 1952.
38. C. G. Jung: Ges. Werke, Band 9, Ra. 140, S. 91. Walter Verlag, Olten und Freiburg i. Brsg., 1976.
39. W. F. Otto: Die Götter Griechenlands, S. 155. Schulte-Bulmke Verlag, Frankfurt, 1983.
40. H. W. Stoll, Die Götter und Heroen des klassischen Altertums, S. 218. Teubner Verlag, Leipzig.
41. Ovid: Metamorphosen, Freunde der Weltliteratur. Dietrich'sche Verlagsbuchhandlung, Wiesbaden, Mai 1953.
42. U. Eschenbach: Die Frau – ein unheimliches Wesen? Bonz Verlag, Stuttgart, 1965.
43. E. Neumann: Amor und Psyche. Rascher Verlag, Zürich, 1941.
44. U. Eschenbach: Die Frau – ein unheimliches Wesen? Bonz Verlag, Stuttgart, 1968.

45. M. Fordham: Vom Seelenleben des Kindes. Rascher Verlag, Zürich 1948.
46. Gebr. Grimm, Kinder- und Hausmärchen, Nr. 15. Manesse Verlag, Zürich.
47. H. W. Stoll: Die Götter und Heroen des klassischen Altertums, S. 223. Teubner Verlag, Leipzig.
48. C. G. Jung: Ges. Werke, Band 9/1. Die Archetypen und das kollektive Unbewußte, S. 26. Walter Verlag, Olten und Freiburg i. Brsg., 1976.
49. Aniella Jaffé: Geist und Wasser – die Schöpfung, in: Gestalten des Unbewußten, S. 477. Walter Verlag, Olten und Freiburg i. Brsg.
50. Carl Kerenyi: Humanistische Seelenforschung. VMA-Verlag, Wiesbaden, 1966.
51. C. G. Jung: Die Bedeutung des Vaters für das Schicksal des Einzelnen. Rascher Verlag, Zürich, 1949.
52. J. Bertram: Mütter, Symbol, Idee – Richard Wagners Musik-Dramen. Hamburger Kulturverlag GmbH, Hamburg.
53. H. W. Stoll: Die Götter und Heroen des klassischen Altertums, S. 222. Teubner Verlag, Leipzig.
54. Albert Schott: Das Gilgamer-Epos, S. 53 ff. Reclam-Verlag, Stuttgart, 1958.

Literaturverzeichnis Teil 2

1. Dr. Kurt v. Sury: Wörterbuch der Psychologie. Schwabe und Co Verlag, Basel/Stuttgart, 1967.
2. C. G. Jung: Ges. Werke, Band 8, S. 252. Walter Verlag, Olten und Freiburg i. Brsg., 1976.
3. C. G. Jung: Ges. Werke, Band 6, S. 512. Rascher Verlag, Zürich/Stuttgart, 1960.
4. Sigmund Freud: Ges. Werke, Band 14, S. 425. Das Unbehagen in der Kultur. Imago Publishing Co. & Ltd., London, 1955.
5. E. Blechschmidt: Vom Ei zum Embryo, S. 31 ff. Deutsche Verlagsanstalt, Stuttgart, 1968.
6. L. Nilson: Ein Kind entsteht, S. 66. C. Bertelsmann Verlag, 1967.
7. G. L. Flanagan: Die ersten 9 Monate des Lebens, mit einem Nachwort von A. Portmann. Rowohlt Verlag, 1963.
8. G. Clauser: Die vorgeburtliche Entstehung der Sprache. F. Enke Verlag, Stuttgart, 1971.
9. Schöpfungsmythen, mit einem Vorwort von M. Eliade. Wissenschaftliche Buchgemeinschaft, Darmstadt, 1980.
10. M. Tines: Trotz alledem ... Psychologie Heute, Nr. 8, 6. Jahrgang. August 1979.

11. E. Dacque: Die Urgestalt. Insel Verlag, Leipzig, 1940.
12. P.M. Pflüger: Die Notwendigkeit des Bösen, S. 76. Bonz Verlag, Fellbach.
13. C.G. Jung: Ges. Werke, Band 9/2. Aion. Walter Verlag, Olten und Freiburg i. Brsg., 1976.
14. U. Eschenbach: Therapeutische Konzepte, Band 2/1. Symbol – Symptom. Bonz Verlag, Fellbach.
15. Gebr. Grimm, Kinder- und Hausmärchen, Nr. 27. Manesse Verlag, Zürich.
16. U. Eschenbach: Symbolik und Dynamik des Unbewußten im kindlichen Spiel. Zeitschrift für analytische Psychologie, 6: 80–120 (1976). Verlag S. Karger, Basel.
17. Roger Cook: The tree of life, Image for the cosmos. Avon Books, A division of The Hearst Corporation, 959 Eighth Avenue, New York, New York 10019.
18. C.G. Jung: Ges. Werke, Band 9/1. Die Archetypen des kollektiven Unbewußten. Walter Verlag, Olten und Freiburg i. Brsg.
19. C.G. Jung: Ges. Werke, Band 12. Psychologie und Alchemie. Walter Verlag, Olten und Freiburg i. Brsg., 1971.
20. Edelsteine in der Medizin. Chemie-Werk Homburg, Zweigniederlassung der DEGUSSA, Frankfurt/Main, 1967.
21. W. Fischle: Der Weg zur Mitte. Belser Verlag, Stuttgart und Zürich.
22. José und Myriam Arguelles: Das große Mandala-Buch. Bauer Verlag, Freiburg i. Brsg., 1972.
23. F.E. Kraemer: Uns alle trägt die gleiche Schöpfung. Drittes Sonderheft, materia medica Nordmark, 1963.
24. U. Eschenbach: Therapeutische Konzepte, Band 2/1. Bonz Verlag, Fellbach.
25. C.G. Jung: Von den Wurzeln des Bewußtseins, S. 351–367. Rascher Verlag, Zürich, 1954.
26. Paul Schwarzenau: Das göttliche Kind. Kreuz Verlag, Stuttgart, 1984.
27. C.G. Jung: Ges. Werke, Band 11. Antwort auf Hiob, S. 471. Rascher Verlag, Zürich, 1963.
28. H. Zimmer: Mythen und Symbole in indischer Kunst und Kultur, S. 159. Rascher Verlag, Zürich, 1951.

SACHREGISTER

Abtreibung 97, 100
Abtreibungsversuch 94 ff., 103
Adam 33, 137, 152
Adonis 139
Affe 91
Aggression 132
Alte Weise 27, 116
Amor und Psyche 53
Anima (Seelenfunktion des Mannes) 22, 24, 33, 65, 86
Animaverlust 43
Animus 22, 47
Anubis 37
Aphrodite 27, 31, 39
Arzt (Heiler) 24, 28
Asklepios 27
Athene s. Pallas Athene
Augen 27 f., 84 f., 122 f., 126 f., 134 f., 138
Augenebene 34
Auto, Autofahrt 80 f.
Babyspiel 108 ff.
Bauer 104
Baum 124, 133, 136 ff.
Baum-Mutter 137
Bein 82, 84
Beinverletzung 72
Berg, Berggipfel 124
Blindheit 29
Boot 66 f.
Brunnen 67
Caduceus s. Kerykeion
Dädalus 64
Dämonenabwehrmaske 154
Delphi 9, 62, 65
Doppelgesicht 128
Dornröschen 33 f.

Echo 40, 46 ff., 52, 57 f., 62, 87
Edelstein 116
Ei 97
Eins (Eine) 152 f.
Einweihungsriten 39
Elfen 46
Embryo 99
Embryologie 94, 97
Enkidu 58
Entwicklungsraum, vorgeburtlicher 97
Erdbeben 146
Eros 31
Eroskult 26, 31
Erotik 60
Eva 33, 137
Faust 58
Feen 46
Fisch 126 f., 129
Fliegen 133
Fluß 25
Flußgott 25
Fräulein s. Ritterfräulein
Friedhof 152
Frosch 126
Froschkönig 125 f.
Frucht 91
Geburt – Tod 30, 37, 61 ff.
Gefängnis 69
Geheimnis 53
Geist 35 f., 38
Gilgamesch 58, 88
Gott, Gottheit, Gottesbild 99, 102 f., 105 ff., 145 f.
Grenzübergang 80
Große Weibliche, Große Göttin (magna dea) 20, 24, 29, 63

Hai 103
Hamlet 58, 87
Hammerhände 69
Hathoren 33 f., 37
Häutung 28
Hekate 42, 136
Hera (Juno, Saturnia) 28, 47
Holz 29
Hopi 56
Hund 33 f., 36 f., 80
Ich-Funktionen 93
  Denkfunktion 61, 101
  Empfindungsfunktion 101
  Fühlfunktion 19, 26, 61, 101
  Intuition 101
Ikarus 65
Initialgeschehen 41
Innana 88
Isis 137
Jesus von Nazareth 39, 150
Jünglingsgeliebter 29
Kain 87
Kali 147
Kephissos 25 f.
Kerykeion 27
Kind 149 ff.
Kind, heiliges 113, 151
Kind, inneres 128, 149 f.
Kind, schlafendes 48
Kind, unverwundbares 100
Kindweg 150
Kleinheit (Kleinwüchsigkeit) 73 f.
Körper 41
Körper-Selbst 41
Komplex (Mutter) 55 f.
Kreis 97, 109, 112 ff.
Kreuz 123, 128 f., 149
Krokodil 33 ff., 103
Krone 129
Kugel 97, 109
Leben 149 f.
Lebensbaum 90
Lebensmord 100

Leriope 25 f.
Lotos 144
Magersucht, Pubertäts-
  magersucht 47 f., 50, 59
Makrokosmos 144
Mandala 105, 109, 120 ff., 145
Mann, großer s. Alte Weise
Meer 103
Mensch 24
Mikrokosmos 144
Mörder 96
Mond 123, 129, 138, 141
Myrrha 139
Narzisse 31
Naturkatastrophe 146
Nemesis 136
Neptun 26
Neurose, Neurotiker, neuro-
  tisch 31, 44, 58, 60, 69, 87, 102
Neurose, narzißtische 14, 22, 25
Nornen 21
Nymphe 25, 46
Ödipus 33 f., 65
Ophelia 87
Osiris 58
Pallas Athene 27
Pan 47
Peitsche 104
Pfauenvogel 154
Pfeil 69
Pferd, Pferde 103 f.
Phönix 154
Polypen 133
Projektion 100, 131 f.
Pubertät 33, 58 f.
Pubertätsritus 114
Re 36
Regression 16, 20, 64, 94 ff., 98,
  106 f., 109, 111 f., 130 f., 144
Regressionsraum 18
Riesenameisen 103
Riesenspinnen 103, 133
Rigveda 147

Ritter 130
Ritterfräulein 130 f.
Schatten 41, 44
Schicksal 31, 101 f.
Schlange 27, 33 ff., 38, 103, 122, 129, 135, 137 f.
Schlangenpaar 28
Schuld(gefühle) 15, 43, 100 f.
Schwert 84 ff.
Schwester 97, 108
See 84 f.
Seelenverlust s. Animaverlust
Selbstliebe 15
Selbstwertproblem 65 ff.
Seth 58, 87
Setting, therapeutisches 18, 29
Sexualität 59 f.
Shuld 31
Sindflut 146
Skorpion 133
Smaragd 116
Sobek 38
Soldat 133 f.
Sonne 123, 129, 142
Spiegelübertragung 40
Spinnenmutter 56
Sprache 98
Stein 153
Stein, heiliger 113
Stein des Weisen 116
Steinköpfe 153
Sterbeweg 150
Sterntaler 110
Strafe 15
Suicid, Suicidalität (Ich-Mord) 59, 101, 112
Tanz 117 f.
Teilung 99
Teiresias 27 ff., 39, 43, 61 f.
Tod, Tote 15, 43, 146, 149 f., 152
Totenkult, ägyptischer 37
Traum 89, 91
Treppe 116

Türe (Portal), verbotene (dunkle) 79, 116
Überschwemmung 146
Ur-Eltern-Paar 98
Ur-Tier 103
Urdhr 31
Vatermord 65
Vater-Sohn-Religion 65
Verdhani 31
Vergewaltigung 15, 43, 59, 65
Vesuv 152
Vielheit 152
Vier 145
Vogel 68, 129
Voodoo 113
Wächter, Wärter 116, 149
Wagen 104
Wald 84 f.
Würfel 152 f.
Yggdrasil 31
Zeus 26, 28 f., 33, 43, 47, 63, 65

PERSONENREGISTER

Arguelles, J. u. M.   159
Bertram, J.   158
Blank, G. u. R.   157
Blechschmidt, E.   158
Boss, M.   79
Clauser, G.   98, 158
Cook, R.   159
Dacque, E.   146, 159
Eckehart, Meister   30
Eliade M.   16, 156
Erné, N.   25, 42, 156, 157
Eschenbach, H. W.   7, 9, 13, 156
Eschenbach, U.   157, 159
Fischle, W.   159
Flanagan, G. L.   158
Fordham, M.   158
Franz, M.-L.   157
Freud, S.   14, 16, 92, 156, 158
Garneezy, N.   100
Goethe, J. W. v   31
Jaffé, A.   158
Jung, C. G.   13, 14, 16, 18, 21, 23, 83, 89, 92, 105, 109, 114, 156, 157, 158, 159

Kerenyi, K.   23, 24, 156, 157, 158
Kraemer, F. E.   159
Moore, H.   20
Neumann, E.   18, 156, 157
Nilson, L.   158
Otto, W. F.   157
Ovid   31, 40, 62, 157
Paracelsus, Ph. A. Th.   118
Pflüger, P. M.   159
Rahner, H.   29, 157
Roscher, W. H.   157
Schott, A.   158
Schwarzenau, P.   159
Sharkey, J.   156
Stoll, H. W.   157, 158
Sury, K. v.   158
Tines, M.   158
Wedekind, F.   55
Zimmer, H.   159